懐かしい沿線写真で訪ねる

常磐線
（上野〜土浦）

街と駅の1世紀

三好好三・生田誠 著

常磐線
各駅今昔散歩
大正・昭和
の街角を紹介

◎北小金〜南柏　昭和60年　撮影:小川峯生

彩流社

常磐線（上野～土浦）・成田線（我孫子～成田）の路線図

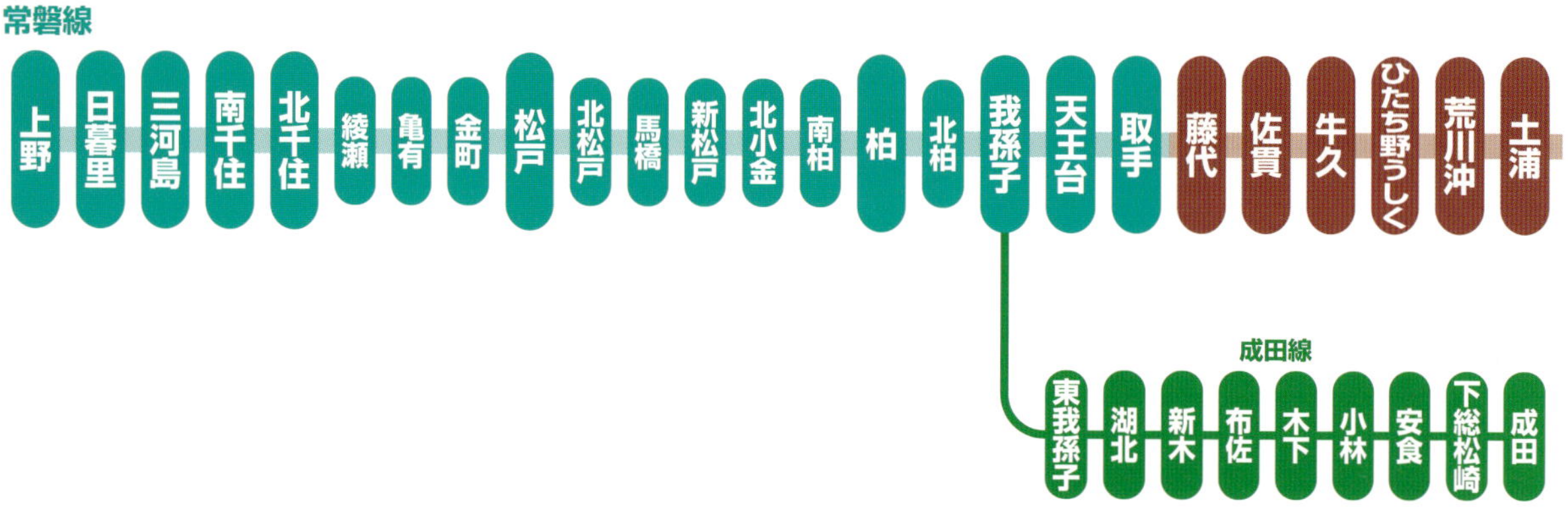

◎土浦駅　昭和55年　撮影：山田亮

CONTENTS

本書内の「現在」は、本書発行時点を意味します。

◎牛久～荒川沖　昭和59年　撮影：山田亮

常磐線の誕生とその後の物語

常磐線の生い立ちは水戸鉄道、日本鉄道の土浦線・磐城線

三好 好三

常磐線の歴史は、明治22（1889）年1月16日に小山—水戸間を開業した「水戸鉄道」から始まった。わが国最初の民営鉄道として明治16年に上野—熊谷間を開業したのを皮切りに、破竹の勢いで路線を建設していた「日本鉄道」の大宮—青森間鉄道（後の東北本線）は、明治22年には塩竈まで達していたが、水戸鉄道はその途中駅の小山から水戸を結ぶ路線を開業し、茨城から東京への短絡線としたものであった。

水戸鉄道は明治20（1887）年8月に測量開始、工事一式を日本鉄道に委託して11月に着工、明治22年1月16日に小山—水戸間66・7㎞が開通した。

経営は順調だったが、会社ではさらに一大発展を期して明治25（1892）年3月1日に日本鉄道に合併し、同社の「水戸線」となった。日本鉄道としては水戸以北に延伸して常磐炭田地帯の石炭を京浜地区に輸送するという大

25日に土浦線・土浦—田端間64・2㎞、隅田川線・田端—隅田川間（現在は田端—隅田川—南千住間5・7㎞）を開業した。

茨城—東京間の路線が完成すると、次は福島浜通りに向けて路線を延伸していった。明治30（1897）年2月15日に磐城線・水戸—平（現・いわき）間94・1㎞、同年8月29日に平—久ノ浜間14・6㎞を開業し、宮城方からも工事を進めて明治30年8月23日に磐城線・日暮里—岩沼間345・9㎞が全通した（常磐線の列車は上野が起点だが、路線としては日暮里が起点であり、現在も変わっていない）。

明治34（1901）年8月8日、土浦線、水戸線の友部—水戸間、磐城線、隅田川線、貨物支線を「海岸線」と改称した。同年10月1日には海岸線経由の上野—仙台・原ノ町・平間の長距離列車の運転を開始している。上野発の

常磐線年表

明治22（1889）	1月16日　水戸鉄道水戸〜小山間開通。
明治25（1892）	3月1日　水戸鉄道を日本鉄道に譲渡。水戸線に。
明治28（1895）	7月1日　水戸線友部駅開業。
	11月4日　日本鉄道土浦線土浦〜友部間開通。土浦・神立・高浜・石岡・岩間駅開業。
明治29（1896）	12月25日　土浦線田端〜土浦間、隅田川線田原〜隅田川間開通。南千住・北千住・松戸・柏・我孫子・取手・藤代・牛久・荒川沖・隅田川（貨物）駅開業。
明治30（1897）	2月25日 磐城線水戸〜平間開通。5月17日土浦線亀有駅開業。12月27日土浦線金町駅開業。
明治31（1998）	1月　北千住〜隅田川間開通（貨物線）。8月6日　土浦線馬橋駅開業。月23日 田端〜岩沼間全通。
明治33（1900）	8月14日　佐貫駅開業。
明治34（1901）	8月8日　土浦線、水戸線友部〜水戸間、磐城線および貨物線を統合し「海岸線」と改称。
明治38（1905）	4月1日　三河島〜日暮里間開通。田端でのスイッチバック解消。日暮里・三河島駅開業。
明治39（1906）	11月1日　日本鉄道国有化。
明治42（1909）	10月12日　国有鉄道線路名称制定。海岸線は常磐線となる。
明治43（1910）	12月29日　三河島〜北千住間、松戸〜馬橋間複線化。
明治44（1911）	5月1日　北小金駅開業。年度内 北千住〜亀有間複線化。
明治45（1912）	5月10日　北小金〜我孫子間複線化。
大正2（1913）	4月29日 金町〜松戸間、5月 馬橋〜北小金間、11月1日 亀有〜金町間複線化。
大正11（1922）	9月21日荒川沖〜東信号場間、11月6日東信号場〜土浦間、12月1日牛久〜荒川沖間複線化。
大正12（1923）	2月1日佐貫〜牛久間、4月15日我孫子〜取手間、6月25日取手〜藤代間複線化。
大正14（1925）	10月28日　藤代〜佐貫間複線化により日暮里〜平間複線化完成。
昭和11年（1936）	12月11日　日暮里〜松戸間直流電化。上野〜松戸間40系電車運転開始。
昭和18（1943）	4月1日　綾瀬駅開業。
昭和21（1946）	年度内　常磐線の蒸機牽引の通勤列車1往復新橋（後に東京）乗り入れ開始。
昭和24（1949）	6月1日　松戸〜取手間直流電化。
昭和27（1952）	5月1日　松戸競輪場前臨時停車場開業（後の北松戸駅）。
昭和28（1953）	10月1日　南柏駅開業。

28年11月4日に土浦線・友部―土浦間35・0kmを開業、続いて明治29年12月

―三河島間の短絡線が開通して解消している。

日本鉄道の国有化と「常磐線」の誕生、その新たな使命

明治中期以降の主要幹線鉄道は、官鉄が東海道線を主体に各地に短距離の路線を建設していた他は、国策によって私鉄が建設した幹線・亞幹線・支線の路線網が広がっていた。日清・日露の二大戦争の際には軍事輸送を行ううえでこれが障害となり、軍部から厳しく指摘されて鉄道国有化論がにわかに浮上した。

それを受けて明治39（1906）年3月31日に「鉄道国有法」が公布され、全国の主要私鉄17社が翌明治40年度までに国有化された。1385・3kmの路線を持つ最大規模の私鉄だった日本鉄道は明治39年11月1日に国有化された。

明治42（1909）年10月に「国有鉄道線路名称」が制定され、旧日本鉄道の通称「本線（奥州線・東北鉄道）」などと呼ばれていた大幹線は「東北本線」、海岸線は「常磐線」と貨物支線の「隅田川線」となった。この時から常磐線は東北本線のバイパスとしての性格を与えられて、東北新幹線が開業するまでそれが維持された。

常磐線の茨城・福島県内の沿線には次第に炭鉱が増えていった。常磐線にはこの常磐炭田の石炭輸送の任務があり、東京方面に向かう石炭列車が多数運転されるようになった。また、沿線に大都市のない常磐線の沿線は広大な田園地帯であり、そこから産出される米麦、蔬菜類の輸送も常磐線に課せられていた。

大正、昭和前期を通してこの構図は変わらなかったが、巨大都市の東京は膨張を続けており、5方面（東海道・横須賀線方面、中央線方面、東北・高崎線方面、常磐線方面、総武線方面）の都市化も進行していった。特に大正12（1923）年9月の関東大震災後は東京の外周部の人口増加が著しくなり、急速に市街地化が進んで行った。

本書は東京～土浦間の電車区間を主体にしているので、以下はそちらに話をしぼっていこう。

昭和29（1954）	4月15日　山手・京浜東北線分離工事中の線路を使い、常磐線電車が朝夕のみ有楽町乗り入れ開始(昭和31年11月まで)。
昭和33（1958）	6月1日　準急「ときわ」運転開始。後に電車急行。
	10月10日　上野～青森間の特急「はつかり」運転開始。
	12月25日北松戸駅を常設駅に昇格。
昭和35（1960）	12月10日　特急「はつかり」をキハ80系気動車に置き換え。我が国初の気動車特急となる。
昭和36（1961）	6月1日　取手～勝田間を交流電化。401系交直流両用電車の運転開始。後続の403系、415系の基礎を築く。
昭和42（1967）	12月　103系電車の運行開始。
昭和46（1971）	4月20日　綾瀬～我孫子間の複々線化完成。上野～取手間に快速を新設、緩行線は営団地下鉄(現東京メトロ)千代田線との相互直通運転を開始。103系1000番代電車を投入。
昭和47（1972）	10月2日　柏駅が快速の停車駅となる。
昭和48（1973）	4月1日　新松戸駅開業。
昭和53（1978）	3月31日　地下鉄千代田線の代々木上原まで全通に伴い、小田急線の本厚木まで直通区間を延長。ただし常磐線の車両は代々木上原まで。
昭和57（1982）	11月15日　我孫子～取手間複々線化。
昭和60（1985）	3月14日　国際科学技術博覧会(つくば科学万博)開催。最寄りの臨時駅として万博中央駅を開設(9月16日まで)。
昭和61（1986）	3月　中距離電車に415系1500番代を投入。
昭和62（1987）	4月1日　国鉄民営化により常磐線は東日本旅客鉄道(JR東日本)が継承。
昭和63（1988）	3月13日　中距離電車の普通が日中のみ三河島、千住駅に、天王台駅に終日停車となる。
平成元（1989）	3月11日　651系による特急「スーパーひたち」運転開始。
平成3（1991）	3月16日　2階建ての普通車クハ415－1901号車を投入。試験的な車両。
平成5（1993）	寝台特急「ゆうづる」が臨時列車となる。
平成6（1994）	12月3日　平駅をいわき駅と改称。
平成7（1995）	新世代車両E501系運行開始。
平成9（1997）	10月1日　E653系による「フレッシュひたち」運行開始。
平成10（1998）	3月14日　万博中央駅跡に「ひたち野うしく駅」開業。
平成14（2002）	3月3日　快速電車のE231系運行開始。
平成15（2003）	3月29日　緩行線から小田急多摩線唐木田行きの運用開始。
平成16（2004）	10月16日　取手以南の中電普通列車の呼称を快速とする(快速電車と共通の名称に)。

電車区間の開業と、戦前・戦中・戦後の常磐線の動き

東京の国鉄線は昭和5（1930）年頃までに山手線、京浜東北線を筆頭に横須賀線、中央線、赤羽線（現・埼京線の一部）が電車化され、多数の私鉄線（電鉄線）も開通していた。利用客の増加に伴い、昭和7～10年に総武線の御茶ノ水―千葉間の電化と電車化が行われ、続いて昭和11年12月11日に常磐線の日暮里―松戸間が電化され、上野―松戸間に最新鋭の40系電車の運転が開始された。しかし沿線はまだ田園地帯であり、電車は2両連結、朝夕3連という規模で充分であった。

石炭輸送の重責を果たすため、常磐線の複線化は早くから進められ、明治30年の湯本―平（現・いわき）間を皮切りに昭和3年までに日暮里―平間が複線化されていた。

昭和12年7月7日の日中戦争勃発後もしばらくは軍需工場要員輸送に対応して常磐線経由の青森行き急行の増発なども見られたが、昭和15年以降は次第に戦時体制が強化され、昭和18年からは非常決戦体制が実施されて、急行列車の削減と短縮が始まった。それとP51型戦闘機による100機、200機を超える大編隊の来襲となった。昭和20年3月10日の東京大空襲では下町地区がほぼ全滅する被害を被り、鉄道の被害も甚大だった。

下町を走る常磐線や総武線も被災したが、常磐線は日暮里―上野間にひっそり顔を見せるローカル電車の趣だった。したがって空襲の大被害は北千住以南にほぼ限定され、北千住以北の被災は少なかった。沿線では水戸と日立の被災が大きかった。

東京大空襲の後も京浜地区では大小の空襲がなおも続いたが、昭和20年8月15日に日本は連合国側に無条件降伏して戦争は終わった。

戦争が終わると戦後の混乱と食糧不足が始まった。特に関東平野の農村部を走る常磐線は買い出し客で大混雑するようになり、茨城、福島方面と東京を往復する蒸気列車は混雑の極を示した。電車区間も同様で、常磐線の電車も急遽戦時設計の63形や横須賀線の車両（主に付随車）を投入して急場をしのいだ。

線の分離工事が開始され、昭和29年にはほぼ完成したので、常磐線の電車を上野から有楽町まで朝夕のみ延長運転して好評だった。

常磐線電車の車両も混乱の後は京浜東北線から大量に転入してきた戦前製の3扉車40系で固めるようになり、見

平成17（2005）年	7月9日　中距離電車にE531系を投入。特別快速の運転開始
平成18（2006）年	3月17日　通勤快速が廃止。103系の定期運用が終了。
平成19（2007）年	3月18日　E531系のグリーン車が営業運転開始し、E501系が土浦以北のみの運用となる。
平成21（2009）年	9月9日　緩行線にE233系2000番代を投入。
平成27（2015）年	3月14日　上野東京ラインが開業し、品川まで乗り入れ開始。

成田線年表（我孫子～成田）

明治29（1896）年	12月25日　我孫子駅が開業。
明治30（1897）年	1月19日　成田駅が開業。
明治34（1901）年	2月2日　成田鉄道（初代）として成田～安食間が開業。安食駅が開業。
	4月1日　安食～我孫子間が開業。木下、布佐、湖北の各駅が開業。
	8月10日　松崎、小林の各駅が開業。
大正9（1920）年	9月1日　成田鉄道が国有化され「成田線」となる。松崎駅が下総松崎駅に改称。
昭和25（1950）年	10月12日　東我孫子駅が開業。
昭和33（1958）年	4月1日　新木駅が開業。
昭和48（1973）年	9月28日　我孫子～成田間電化。この年のダイヤ改正以降113系電車が平成9年頃まで、103系電車が平成18年3月17日まで運用される。
平成14（2002）年	3月3日　E231系を投入。常磐快速線と共通運用で5両または10両編成で運行される。
平成27（2015）年	3月14日　上野東京ラインが開業し、一部電車が品川まで乗り入れ開始。

対照的に常磐線の石炭輸送は一層強化されていった。牽引する蒸機にはD51形が大量に投入され、長大な石炭輸送列車が京浜地区に向かって走るようになった。

昭和19（1944）年から東京は米軍の空襲を受けるようになり、最初は小規模だったが、次第にB29型爆撃機、

昭和40年代から一気に近代化が進んだ今の常磐線

常磐線は東北方面への長距離列車の短絡線として重用されてきたが、その極め付けとして昭和35（1960）年10月から青森行きの客車特急「はつかり」が登場し、同年の12月からは新製の気動車・キハ80系に置き換えられた。昭和40年に登場の「ゆうづる」は寝台特急として客車から寝台電車特急になり、長く常磐線の顔ともなった。

常磐線の近代化は急速な電化にも見られるようになり、昭和36年6月に取手―勝田間が交流電化された。藤代駅付近に交直切換えのデッドセクションが設けられた。

電化に合わせて登場したのが交直両用の3扉セミクロスシートの401系は通勤客が増えていた上野―土浦・水

昭和24（1949）年になると世相もやや落ち着いてきた。同年5月20日には東海道本線の沼津―浜松間が電化され、6月1日には常磐線の松戸―取手間が電化されて電車区間が延長された。明るいニュースとしてマスコミに取り上げられた

この昭和24年度には山手・京浜東北

戸・平地区には適した車両で、同型のスタイルは直流区間用の111系、113系、115系へと広がっていった。

昭和42（1967）年に岩沼までの全線電化が完成すると、急行「ときわ」などには新鋭の交直流急行型電車・451系が投入された。

さらに常磐線の近代化と改良は進み、綾瀬―我孫子間の複々線化と地下鉄千代田線との相互直通運転が昭和46年4月20日に開始された。従来の上野発着の各停電車は快速となり、取手以北からの中電（普通）も取手以南では快速扱いになって現在に至っている。

なお、それとは対照的に、常磐沿線の炭田はエネルギー革命の大波を受け

た目にも美しくなっていた。昭和31年11月19日に山手、京浜東北線の分離運転が開始されると常磐線は再び上野まで後退したが、昭和21年から東京駅まで乗り入れていた水戸発の蒸機牽引の通勤客車列車は東京―上野連絡線を使って昭和40年代まで残された。電機牽引、電車へと代替わりはしたが。

て昭和40年代以降は閉山が続き、常磐線の蒸機も石炭列車も消えて行った。

常磐線の電車は沿線の開発と遠距離通勤客の増加により、中距離電車は昭和60（1985）年3月から朝夕の15両編成を登場させ、快速電車（旧各停）も利用客の急増により昭和62年12月から朝夕は103系電車による15両編成となった。

今後も発展を続ける路線であることは間違いないが、残念なのは平成23年3月の東北地方太平洋沖地震によって一部区間で大被害を被り、今も竜田―原ノ町間、相馬―浜吉田間が不通になっていることである。一日も早い全線復旧を祈っている。

直流区間

上野《うえの》

新幹線も停車する、東京の北の玄関口
明治16年、日本鉄道の駅として開業

上野駅（昭和戦前期）

昭和7（1932）年に二代目駅舎として完成し、太平洋戦争の被害をほとんど受けなかった上野駅。戦後、東北新幹線などが乗り入れる際には、地下4階にホームが設置され、当時の外観をほぼそのままにうけついでいる。

上野駅構内（昭和戦前期）

現在もほとんど変わらない姿を見せる、上野駅中央改札口前のコンコース。大屋根の下に「のりば汽車正面（改札口）電車（市電）左へ」の看板が見える。

上野駅（現在）

上野駅は、昭和通りに面したこの正面玄関側（地上）に中央改札口があるほか、3階に入谷改札、御徒町寄りの中2階に不忍口、公園側の3階に公園改札が設けられている。東京メトロ上野駅とは、御徒町側の地下で連絡している。

上野駅は東京の北の玄関口である。現在はＪＲ各線とともに東京メトロの駅があり、京成電鉄も乗り入れている。駅の起源は明治16（１８８３）年、日本鉄道の上野〜熊谷間の開通時に始発駅として開業したものである。明治39（１９０６）年、国有化に伴い、国有鉄道（現・ＪＲ）の駅となった。「上野」の地名の由来は、伊賀（現・三重県）上野の領主だった藤堂高虎の屋敷があり、忍岡にある寛永寺の門前町が「上野」と呼ばれるようになったという。忍岡とは上野山の古称であり、武蔵野台地の分脈「本郷台地」の東に位置し、「上野台地（上野山）」の先端にあたる。

この上野の中心が上野駅で、現在、ＪＲでは常磐線のほかに東北本線（宇都宮線）、高崎線（起点は大宮）、京浜東北線、山手線、東北・山形・秋田・上越・長野の新幹線が乗り入れている。また、平成27年3月には北陸新幹線も開業する。昭和60（１９８５）年、東北新幹線の延伸後、次の東京駅到達までは始発駅の役割を果たした。また、東京メトロの銀座線、日比谷線の駅があり、銀座線の駅は昭和2（１９２７）年に開業した日本最初の地下鉄駅のひとつである。南西にある京成上野駅は昭和8（１９３３）年、地下駅の上野公園駅として開業し、昭和28（１９５３）年に現在の駅名となった。

撮影：荻原二郎

キハ81系「はつかり」出発式（昭和35年）

客車列車から交代して常磐線経由・上野～青森間の特急仕業に就いたキハ81系の出発式の模様。先頭車のボンネットは東海道本線の151系特急「こだま」の気動車版といえるものだった。

古地図探訪

昭和33年／上野駅付近

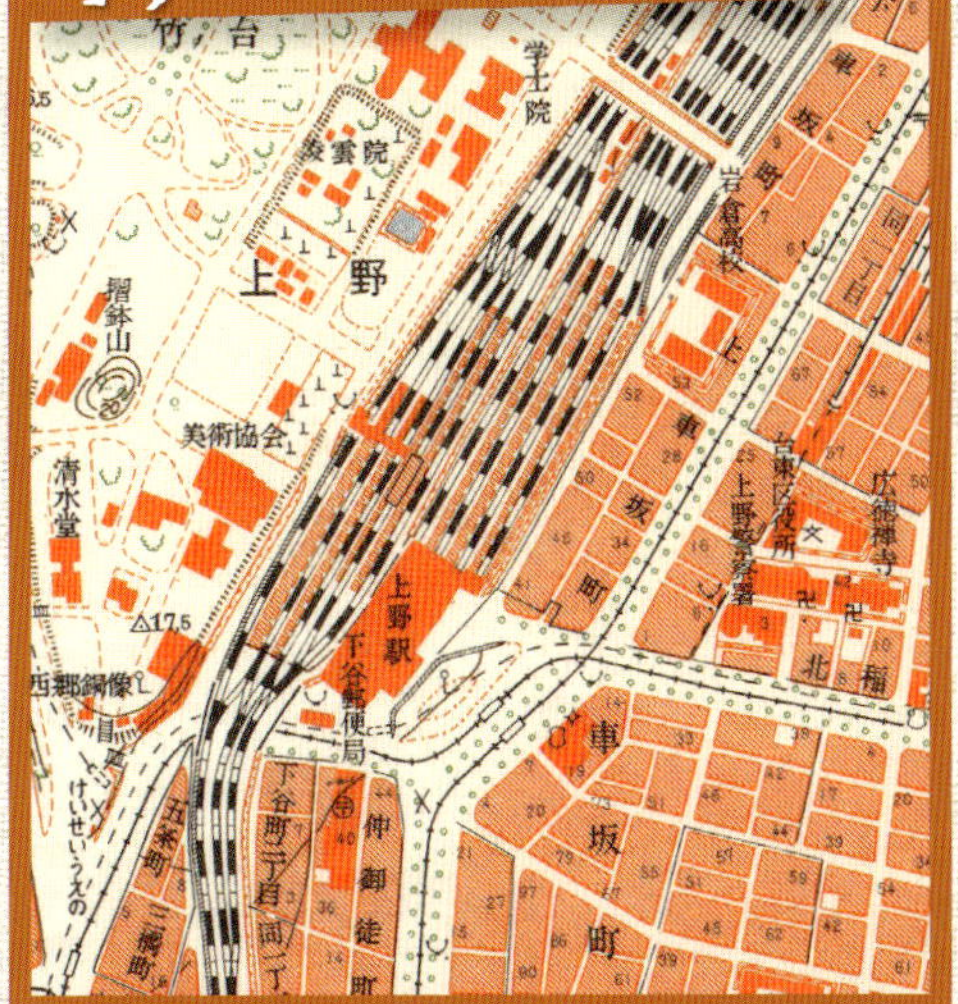

地図を見れば、現在まで続く上野駅の歴史、駅舎の形態をうかがうことができる。この駅はまず、東北方面からやってくる列車の終着駅として誕生し、線路の先に駅舎が建てられた。その後、東京方面への路線が生まれ、国電区間の中間駅としての役割も果たすようになる。そうした多くの線路を連絡する大連絡橋通路が生まれ、公園口などの改札口も生まれた。

一方、駅周辺を見れば、上野公園の諸施設のほか、台東区役所、上野警察署の位置は変わらないが、駅前にあった下谷郵便局は昭和46（1971）年、下谷１丁目に移転し、現在は上野郵便局に局名を改称している。

撮影：荻原二郎

気動車準急「ときわ」（昭和35年）

昭和33年にキハ55系による常磐線の線内優等列車として３往復で登場し、２ケタまで本数を増していった。電化により順次451系電車に交代し、昭和41年急行に格上げ、特急増発で昭和60年に廃止された。

見所スポット

上野恩賜公園、西郷隆盛像

寛永寺のある上野山一帯は明治６（1873）年、日本最初の公園に指定された。公園内にある上野のシンボル、西郷隆盛像は明治31（1898）年に建立されている。

東京国立博物館

明治５（1872）年に創設された日本最古の博物館。本館、東洋館、平成館などで、日本、東洋美術を常設展示するほか、大規模な特別展も開催している。

恩賜上野動物園

明治15（1882）年に開園した日本最古、日本を代表する動物園。西園と東園を結ぶ上野動物園モノレール（上野懸垂線）は、日本最古のモノレールとして知られる。

撮影：荻原二郎

代走SL特急「はつかり」（昭和35年）

気動車化された「はつかり」は、キハ81系の初期故障が多く、客車時代のC62形蒸気機関車がスハ44系特急用客車を牽引して代走する日もあった。

撮影：小川峯生

483系の特急「ひたち」（昭和49年）

昭和40年に登場したボンネットタイプの483系の特急「ひたち」。先頭車はクハ481形、電動車が50Hz専用のモハ483系となっていた。ボンネット型は昭和47年まで増備された。

撮影：山田虎雄

中電の401系（昭和44年）

昭和35年に試作、翌36年から量産された交直流両用、セミクロス席の401系は常磐線の中距離用として増備が続き、やがて403系、415系へと発展していった。

撮影：山田虎雄

初期の103系（昭和43年）

103系は昭和38年以降、山手線、京浜東北線の順に投入され、続いて昭和42年から常磐線への投入が開始された。当初は上野～取手間の各停用で、青緑の新しいカラーが設定された。

所蔵：フォト・パブリッシング

上野駅の俯瞰(昭和46年)

右の高架ホームは常磐線の近距離、中距離電車のほか、常磐線、東北本線、高崎線系統の列車も発着していた。左の地平ホームは主に長距離列車と中距離列車が発着していた。停車している電車は103系1000番代。

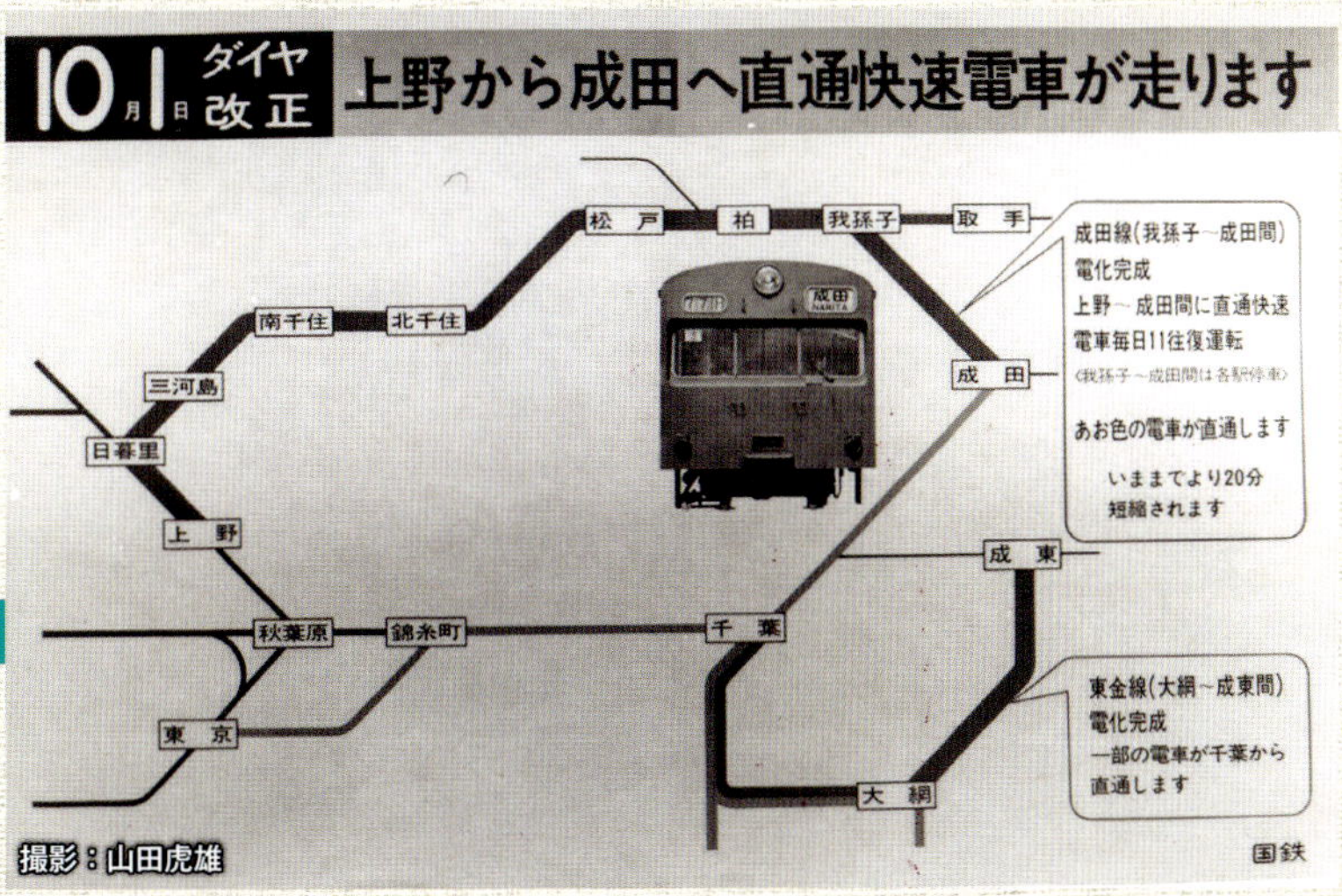

撮影：山田虎雄

成田線も電化(昭和48年)

房総、北総地区の電化が進んだ昭和48年に常磐線と直通運転を行う成田線(我孫子～成田)間も電化された。これによって上野から103系の快速が設定され、大幅にスピードアップした。

所蔵：フォト・パブリッシング

20系客車の「ゆうづる」(昭和51年)

常磐線経由の上野～青森間特急「ゆうづる」の全盛期で、20系寝台客車が4本、583系寝台電車が3本運転されていた。写真は上野駅に5分間隔で到着した「ゆうづる」2号と3号。この年10月から20系は24系と交代した。

撮影：林 嶢

上野駅の「はつかり」案内(昭和38年)

常磐線回りの青森行き特急「はつかり」は昭和33年10月にスハ44系客車で運行を開始した。牽引機はC61またはC62。昭和43年に583系電車となり、東北本線経由になった。

直流区間

日暮里《にっぽり》

江戸の文人墨客ゆかり「日暮らしの里」日本鉄道からJR駅に、京成線と連絡

撮影：山田虎雄

日暮里駅（昭和42年）

日暮里駅は昭和3（1928）年に現在地移転し、改築が行われている。そのときに建てられた旧駅舎は昭和50年代まで使用されていた。

日暮里駅東口（現在）

新しい窓口となって発展する日暮里駅の東口付近。尾久橋通りとの間の高架上には、日暮里・舎人ライナーの日暮里駅が誕生している。

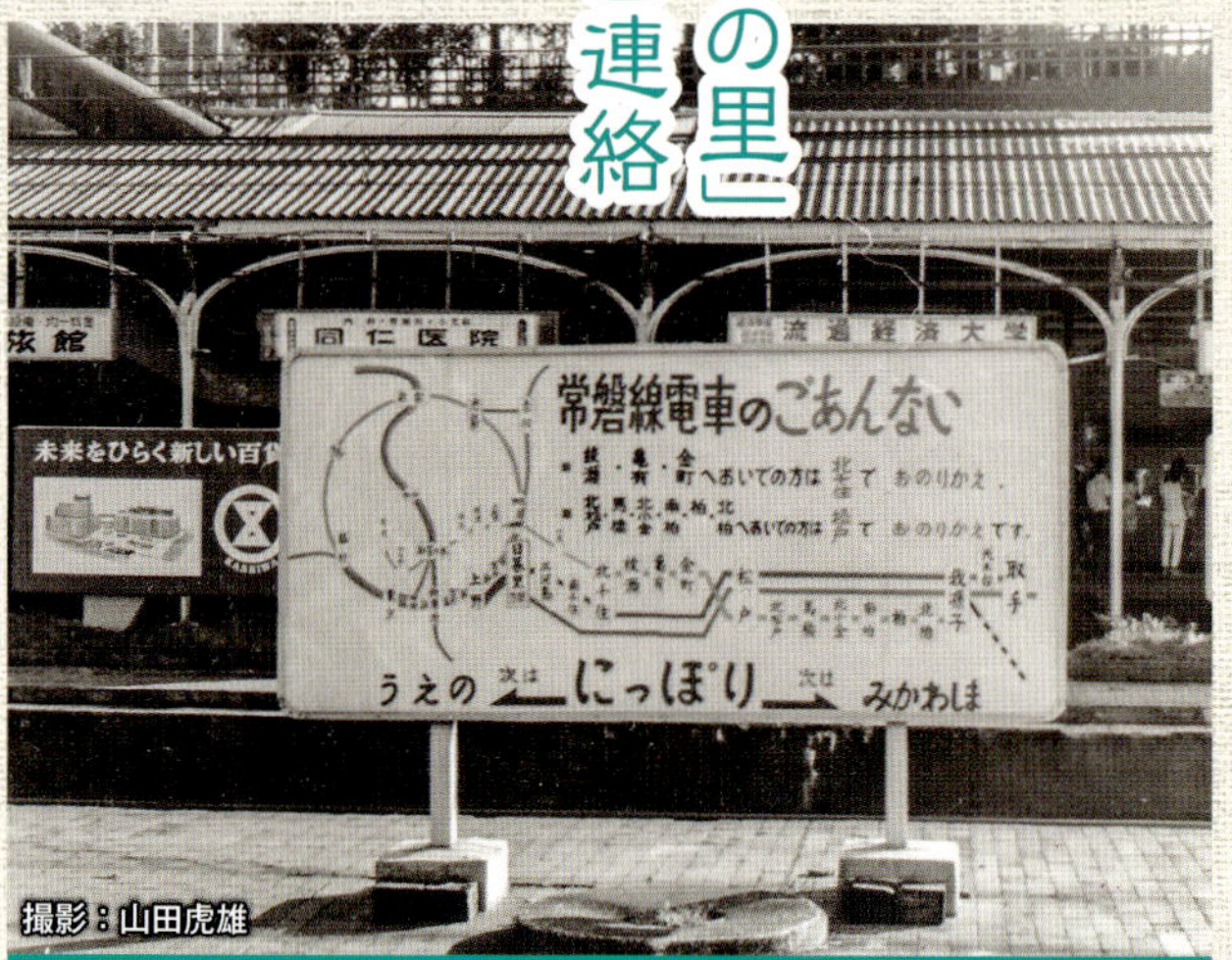

撮影：山田虎雄

常磐線電車ごあんない（昭和47年）

日暮里駅の東北本線ホームに建てられた常磐線の案内看板。当時このホーム2本はすでに使用されていなかった。奥は山手・京浜東北線ホーム。擁壁の上は谷中霊園。日暮里駅は常磐線の起点駅だが、列車は上野を起点としている。

現在は京成電鉄、日暮里舎人ライナーも乗り入れる日暮里駅は明治38（1905）年4月、日本鉄道の日暮里～三河島間が開通した際に開業した。それ以前、日本鉄道の常磐線（現・JR常磐線）は別ルートを通っていたため、日暮里に駅は存在しなかった。

「日暮里」という地名は、もとは「新堀」だったという。それが江戸時代に、「一日中過ごしても飽きない里」という意味の「日暮里（日暮らしの里）」に変化したという。ここには、月見寺として知られる本行寺、雪見寺の浄光寺、花見寺の修性院があって、「雪月花」の風流を味わえる場所として文人墨客が訪れていた。また、駅のすぐ南にある天王寺は、幸田露伴の小説『五重塔』のモデルになった寺院だが、この五重塔は昭和31（1956）年に放火により焼失した。

明治時代には日暮里村が置かれ、大正2（1913）年に谷中本村、金杉村の一部と一緒になり、日暮里町が生まれている。昭和7（1932）年に東京市に編入され、35区のひとつ、荒川区の一部となった。駅の西にあたる、谷中側は台東区となっている。日本鉄道の駅は明治39（1906）年に国有鉄道（現・JR）の駅となった。京成の日暮里駅は昭和6（1931）年に誕生した。

下り急行「北上」（昭和35年）

日暮里駅を通過する試作ディーゼル機関車ＤＦ901が牽引する常磐線経由の急行「北上」。客車はスハ43、ナハ11系と２等車、寝台車。昭和43年に気動車化された。

古地図探訪

昭和33年／日暮里駅付近

新幹線、日暮里舎人ライナーが開通していない頃の地図であり、現在は日暮里駅付近の鉄道路線はさらに複雑なものになっている。また、地図の色分けで明らかなように、色の薄い線路の南西側は寺院、墓地が多い谷中地区の特色をよく物語っている。「谷中」を冠した初音町、上三崎北町といった地名は消え、現在は数字の番地表示になっている。反対の北東側では、駅付近だけが広くなっていた尾久橋通りが、現在はその両側で拡張され、幹線道路となっている。

上り特急「はつかり」（昭和38年）

日暮里駅を通過した上りの特急「はつかり」。あと少しで終着駅・上野である。左の電車は常磐線の普通、右の線路は京成電鉄線。

見所スポット

谷中霊園

明治７（1874）年、東京府管轄の公共墓地として開設された。川上音二郎、渋沢栄一、徳川慶喜、鳩山一郎ら著名人の墓が多い。

経王寺

明暦元（1655）年創建の日蓮宗の寺院。幕末の上野戦争で敗れた彰義隊が立てこもり、新政府軍の攻撃を受けた際の弾痕が山門に残る。

本行寺

「月見寺」の異名がある日蓮宗の寺院。室町時代、江戸城を築いた太田道灌の孫、太田資高の開基で、江戸時代から月見の名所として知られていた。

三河島《みかわしま》

3つの川の中州から、「三河島」の地名
明治38年、日本鉄道の新線上に誕生

上野発の成田行き列車（昭和44年）

我孫子から成田線に直通する成田行きの客車列車。牽引はC57またはC58形、客車は木製車鋼体化のオハ60、61形だった。昭和48年9月、成田線電化により電車化された。

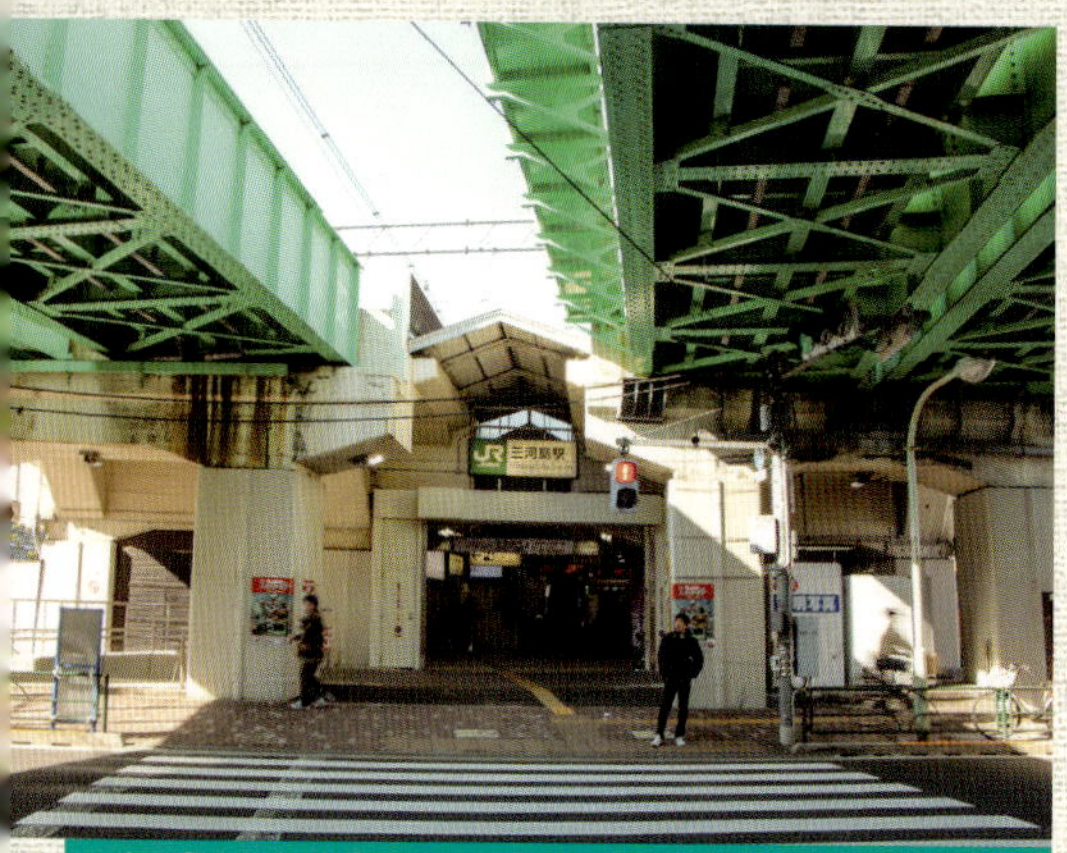

三河島駅（現在）

110年の歴史をもつ三河島駅だが、急カーブの路線上にあり、直線距離では日暮里、西日暮里、新三河島の各駅に近く、常磐線の上野・取手間の中では最も乗車人員は少ない駅である。

三河島駅（現在）

尾竹橋通りに面した高架下に設置されている三河島駅。改札口はこの南千住側の1カ所である。平成23（2011）にホーム上屋が延長され、エレベーターが設置された。

三河島駅は日暮里駅と同じ明治38（1905）年4月に日本鉄道の駅として開業した。当時、日本鉄道の常磐線は東北本線と分岐する田端駅が起点であり、上野方面とは連絡していなかった。ようやく明治38年、上野方面に至る現在のルートが開通し、2つの駅が誕生したのである。そのため、この三河島〜日暮里間の常磐線は現在も大きくカーブした線形となっている。また、三河島駅からは田端、隅田川駅方面に2本の貨物線（常磐線支線）が伸びている。この2本の支線（田端、隅田川貨物線）は明治29（1896）年に開通した日本鉄道時代の路線である。

「三河島」という地名の由来には諸説あるが、現在は中川、古利根川、荒川という3本の川に囲まれた島状の土地だったために、その名がついたという説が有力である。このほかには、徳川家康とともに三河国から来た伊藤一族が住みついたからという説、木戸三河守孝範の屋敷があったからという説もある。

三河島駅は、昭和37（1962）年、列車脱線多重衝突事故「三河島事故」が発生した場所である。この事故は死者160人、負傷者296人を数え、「国鉄戦後五大事故」のひとつとなった。この影響により荒川区から「三河島」という住居表示がなくなったとされる。

三河島駅に向かう73系（昭和44年）

複々線化以前は上野～取手間の電車は全て各停だった（現在は快速）。撮影当時は103系の導入が続いていたものの、旧型車の72・73系も最後の活躍をしていた。

三河島駅のホーム（現在）

列車の長編成化によって上野方面にホームを伸ばしたため、先端部の幅はかなり狭い。

三河島駅に向かう交直流電車（昭和44年）

交直流近郊型電車の401系は昭和35年8月に試作車8両が誕生した。当時の松戸電車区に所属した後、初の試運転は松戸～神立間で行った。これは当時勝田電車区が発足していなかったためである。

古地図探訪

昭和33年／三河島駅付近

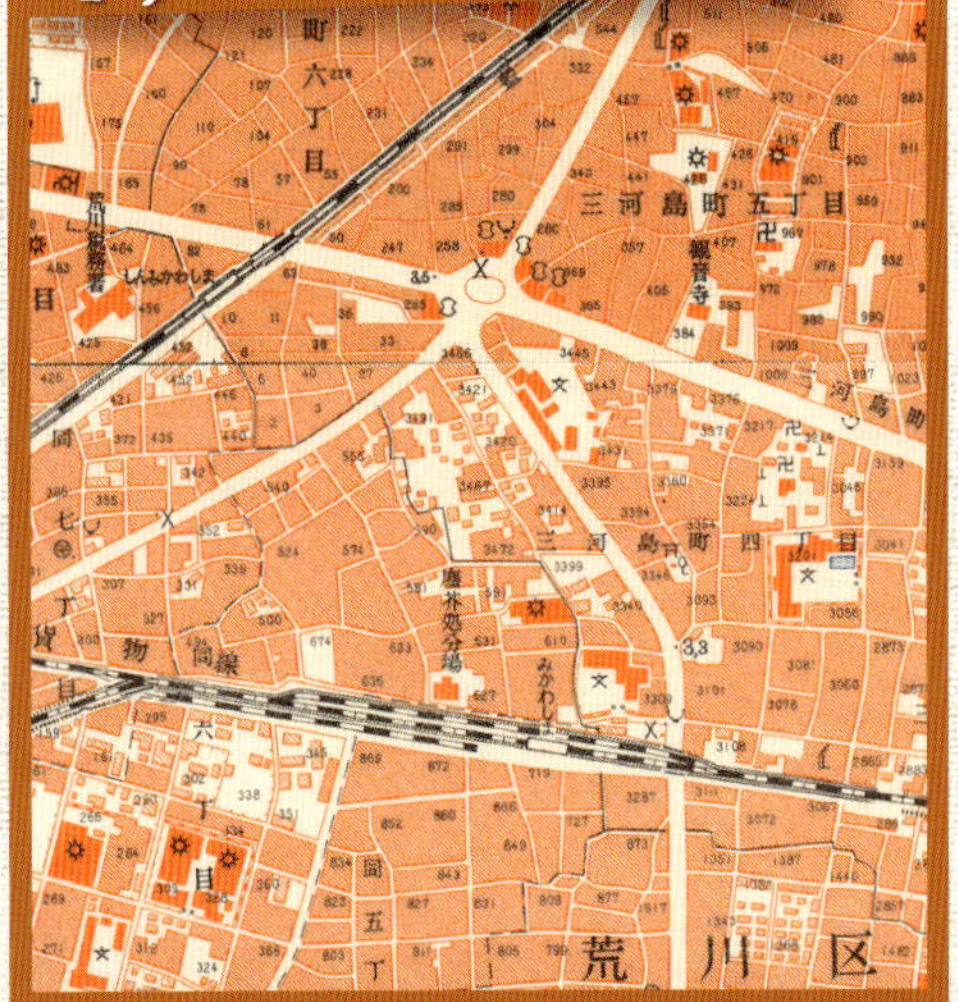

東京都荒川区内にある3駅のひとつが、この三河島駅である。駅の東側には、尾竹橋通りが通り、その北には明治通り（環状五号線）、東京都道457号駒込宮地線と交わる宮地交差点がある。駅のそばにあった塵芥処理場は姿を消したが、北東（荒川8丁目）にある三河島汚水処分場は三河島水再処理センターとなり、旧施設は国の重要文化財に指定されて保存されている。宮地交差点付近にある観音寺は、真言宗豊山派の寺院で、江戸時代には徳川将軍の鷹狩り（鶴お成り）の際の御膳所となっていた。

見所スポット

都電荒川線

唯一残る都電の荒川線は町屋駅前を通り、東側の三ノ輪橋まで伸びている。荒川区役所前の停留場が比較的近い。

宮地稲荷神社（三河島稲荷）

「宮地」の地名の由来は、この神社といわれる荒川3丁目の古社。天正7（1579）年の創建と伝わるが、樹齢650年の大ケヤキがあった。

南千住《みなみせんじゅ》

江戸四宿の千住南宿（下宿）のあった街
日比谷線、つくばエクスプレスと連絡

南千住駅（昭和44年）

明治29年12月、田端～土浦間開通時に開業した生え抜き駅の一つ。1面2線の小駅ながら、複々線化後は上野発着の快速の全列車が停車している。地下鉄日比谷線とつくばエクスプレスの南千住駅は至近距離。

南千住付近の急カーブ（平成6年）

隅田川貨物線と分岐する辺りで下りの快速と上りの特急がすれ違う様子。左端は地下鉄日比谷線の線路で、地下の三ノ輪駅から高架の南千住駅に上がる急な勾配の区間である。

南千住駅西口（現在）

平成17（2005）年、首都圏新都市鉄道（つくばエクスプレス）の開通（駅の開業）に合わせて誕生したJR南千住駅の駅舎。高架駅でホームは2階にあり、出口は南側の1カ所である。

南千住駅は明治29（1896）年、日本鉄道の土浦線（現・常磐線の一部）の田端～土浦間の開通時に開業した。現在は東京地下鉄（東京メトロ）日比谷線、首都圏新都市鉄道（つくばエクスプレス）との連絡駅となっている。

江戸時代、五街道のひとつである「日光街道」「奥州街道」の最初の宿場として、千住宿が置かれていた。この千住宿は「江戸四宿」の中でも最大の宿場で、隅田川を挟んで、北側に千住本宿と新宿、南側に千住南宿（下宿）があり、南宿があった場所が現在の南千住になった。

東京メトロの南千住駅の開業は昭和36（1961）年で、南千住駅のある区間は地上を通り、高架駅となっている。一方、つくばエクスプレスの南千住駅の開業は平成17（2005）年で、こちらは地下区間の地下駅である。地図を見れば明らかだが、この駅の東側には隅田川貨物駅のヤードが広がっている。また、北東には東京メトロの車両基地、千住検車区があるが、ここは隅田川貨物駅の旧隅田川用品庫があった場所である。都電の南千住車庫が置かれていた場所は現在、都営南千住二丁目アパート、都バス南千住営業所に変わっている。駅の西側には、プロ野球、大毎（ロッテ）オリオンズの本拠地だった球場「東京スタジアム」があった。

台東区
荒川区
足立区
葛飾区
松戸市
柏市
我孫子市
龍ケ崎市
牛久市
土浦市

撮影：荻原二郎

南千住駅のクハ79形（昭和43年）

常磐線の電車が40系主体から72系に交代した頃の南千住駅ホーム。奥が日暮里方面、左の高架線は地下鉄日比谷線。その東南側には隅田川貨物駅が広がっている。

撮影：荻原二郎

南千住駅を通過する「はつかり」（昭和43年）

583系寝台特急電車になった「はつかり」。撮影の10日後、10月1日の改正で東北本線経由になった。

古地図探訪

昭和33年／南千住駅付近

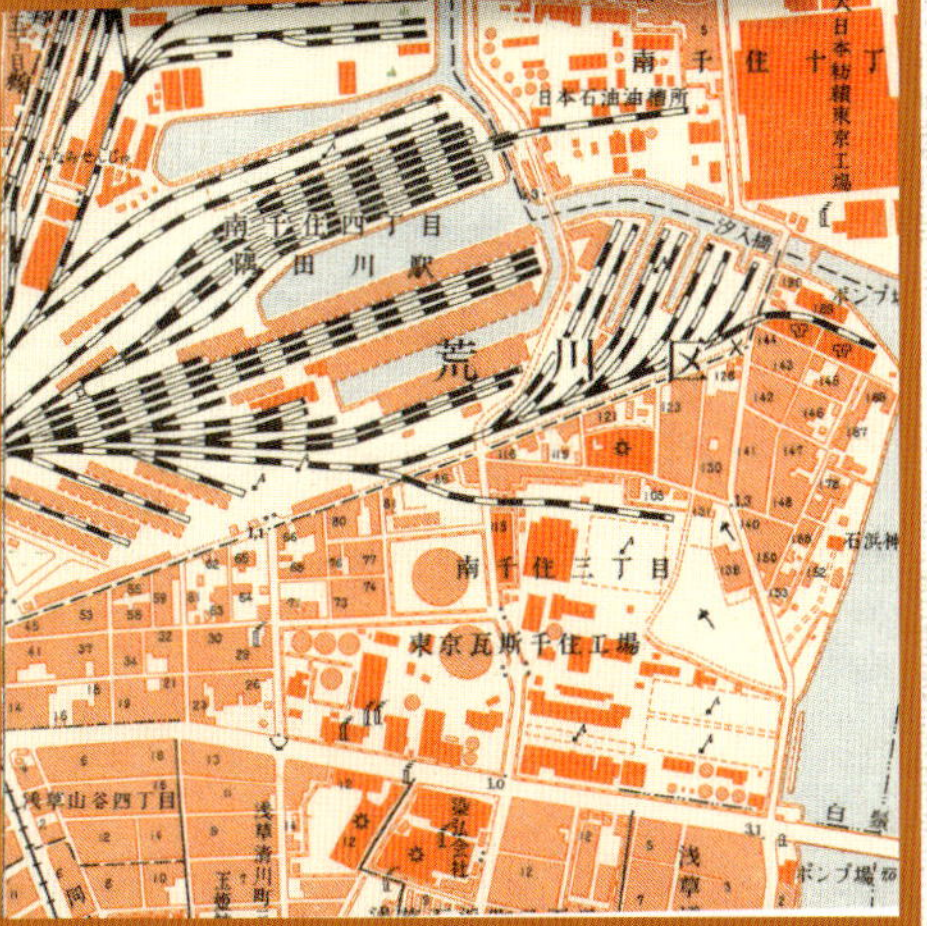

南千住駅の南には、都道464号言問橋南千住線が走り、北西で国道４号（日光街道）に合流している。その北の駅東側は、東京瓦斯千住工場（現・東京ガス千住テクノステーション）、隅田川駅、日本石油油槽所、大日本紡績東京工場などが広がっていた。現在、隅田川駅の東には、産業技術高専、都立汐入公園などがあり、多くのマンションも誕生している。さらに東側の隅田川には白髭橋があるが、その北には平成元（1989）年、水神大橋が架橋されている。隅田川河畔の石浜神社は、神亀元（724）年創建とされる古社で、浮世絵などにも登場する古社である。

キハ81系と451系電車（昭和37年）

南千住～北千住間ですれ違うキハ81系の特急「はつかり」と試運転中の交直両用451系急行用電車。451系は昭和37年10月から東北本線の急行「みやぎの」、常磐線の準急「ときわ」でデビュー、長く活躍した。

撮影：小川峯生

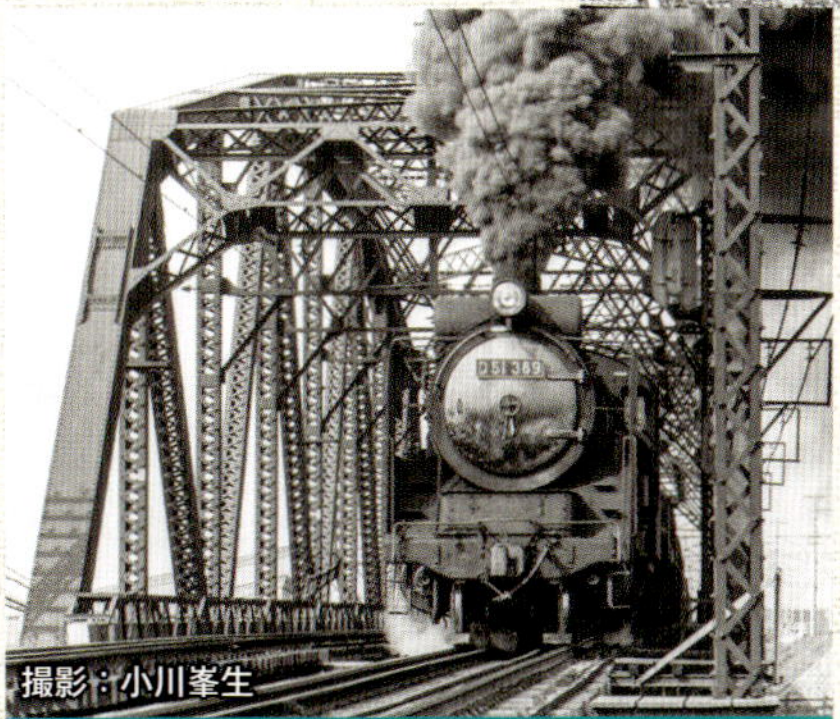

撮影：小川峯生

南千住～北千住間（昭和37年）

南千住～北千住間の隅田川橋梁を渡るD51 389号機牽引の貨物列車。東北本線のバイパス役と常磐地域の工業地帯を沿線にもつため、常磐線の貨物輸送は活発だった。

隅田川貨物駅（現在）

南千住駅の東側にある隅田川駅は、開業以来旅客列車の発着がない貨物線専用駅。

見所スポット

水神大橋

荒川区側の都立汐入公園と墨田区側の東白鬚公園をつなぐため、平成元（1989）年に架橋された。都道461号吾妻橋伊興町線が上を通る。

都立汐入公園

隅田川に面した荒川区最大の都立公園。テニスコート、野外ステージなどのほかに、バーベキューのできる広場がある。

小塚原刑場跡

鈴ヶ森、大和田とともに江戸の三大刑場といわれた、小塚原刑場の跡地。常磐線と日比谷線の線路に挟まれた、延命寺内に首切地蔵が残されている。

直流区間

北千住《きたせんじゅ》

東京の北東部、最大のターミナル駅
駅の西、繁華街に日光街道の本陣跡

撮影：山田虎雄

北千住駅の旧駅舎（昭和38年）

北千住駅は明治32年以降、常磐線と東武伊勢崎線の接続駅であったが、昭和37年５月に地下鉄日比谷線が乗り入れ、昭和60年３月に駅ビルが完成した。現在は常磐線と東武線、東京メトロ日比谷線・千代田線、つくばエクスプレスと連絡する大きな駅になっている。

北千住駅西口（現在）

北千住駅の西口は駅ビルのルミネと一体化されている。駅前広場、マルイ方面と結ばれているデッキの下はバス、タクシー乗り場が設けられている。

撮影：荻原二郎

103系1000番代（昭和46年）

地下鉄千代田線との相互直通運転用に昭和45年から103系の1000番代が160両製造された。写真は昭和46年４月20日の千代田線開業前に上野発着の各駅停車に使用されていた時の姿で、北千住駅に進入するところ。

江戸時代の宿場町だった「千住」の中核はいま、足立区の中心・北千住となっている。足立区の人口は約69万人。世田谷、練馬、大田区に次ぐ規模を誇る。

「千住」の地名は、地元の勝専寺の寺伝によれば、新井図書政次が荒川で千手観音を拾い上げたことに由来するという。江戸時代には日光、奥州街道の宿場町で、明治以降は千住町が置かれ、昭和7（1932）年、東京三十五区のひとつ、足立区の一部となった。

北千住駅は明治29（1896）年、日本鉄道の駅として開業したのが始まりである。明治32（1899）年には東武鉄道伊勢崎線（愛称・東武スカイツリーライン）の北千住～久喜間が開通し、接続駅となっている。昭和37（1962）年には日比谷線の延長により、東武線に乗り入れる、当時の営団地下鉄（現・東京メトロ）北千住駅が開業。その後、千代田線の北千住駅も誕生した。平成17（2005）年には、つくばエクスプレスの北千住駅も開業した。また、東京メトロ半蔵門線の列車も、押上駅経由でこの駅の先の東武線に乗り入れ東急電鉄の車両も姿を見せる。

現在の北千住駅は、複数の路線が乗り入れる東京北東部のターミナル駅で、朝夕のラッシュ時には多くの乗降客、乗り換え客で混雑する駅となっている。

昭和38年当時の
初乗り区間切符

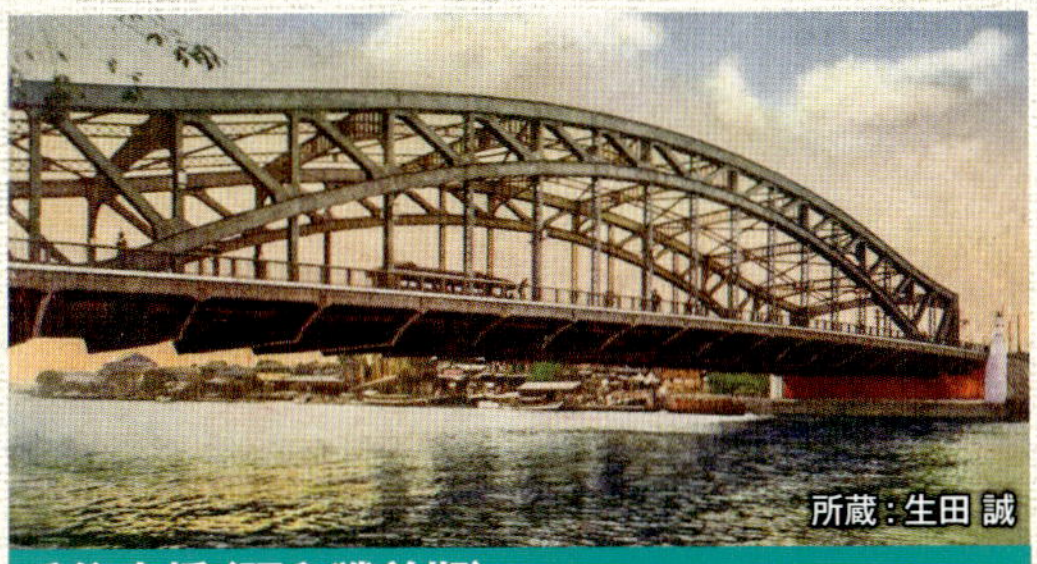

所蔵：生田 誠

千住大橋（昭和戦前期）

隅田川に架かり、国道4号が通っている。この旧橋は昭和2（1927）年に竣工し、昭和48（1973）年に並行する新橋が誕生した

撮影：小川峯生

北千住〜綾瀬の風景（昭和35年）

まだ田園風景を色濃く残していた頃の綾瀬付近の眺め。試作ディーゼル機ＤＦ901号機が急行「北上」を牽引して上野に向かう。２両目は暖房スチームのため石炭を焚く暖房車。

古地図探訪

昭和33年／北千住駅付近

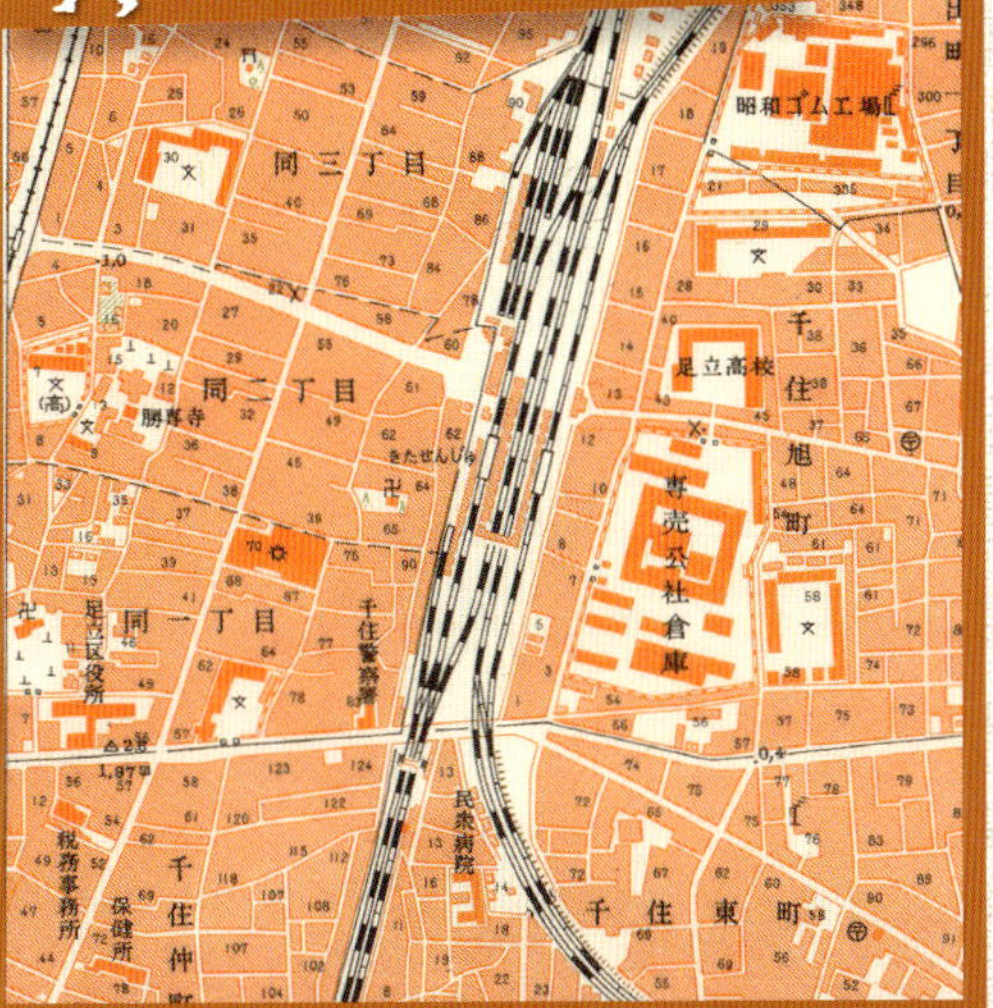

駅の南西にある千住警察署はそのままだが、「文」マークは東京芸大千住キャンパスに変わり、足立区役所の庁舎は中央本町に移転して、東京芸術センターに変わっている。また、駅西口側には駅ビルのルミネ、マルイといった商業施設が誕生し、地下鉄千代田線の地上出入り口が生まれたことで、にぎわいを増している。一方の東口側は再開発が遅れていたが、専売公社倉庫は東京電機大学東京千住キャンパスに変わっている。

撮影：高橋義雄

荒川橋梁を渡る列車（昭和56年）

荒川を渡る鉄道路線は現在、常磐線以外に、東武スカイツリーライン（伊勢崎線）の複々線、地下鉄千代田線、つくばエクスプレスの10線となっている。

見所スポット

千住大踏切から続く桜並木

千住大踏切から荒川土手まで、道の両側には約800メートル続く桜並木が植えられており、春にはお花見が楽しめる。

千住神社

平安時代の延長4（926）年創建と伝わる古社で、旧名は千崎稲荷神社。千住宿の西にあることから、西森神社とも呼ばれ、大正4（1915）年、現社名になった。

大橋公園、奥の細道の碑

隅田川に架かる千住大橋の北詰に位置する公園。俳人、松尾芭蕉が旅立った「奥の細道」の行程図や「矢立初の碑」が建てられている。

撮影：小川峯生

荒川橋梁を渡る72系（昭和40年）

常磐線から戦前派の３扉車40系クモハ60、クハ55、サハ57形が地方へ転出し、４扉の72系で揃ったのが昭和40年代初め。通勤電車らしくなったが、味わいは消えた。

撮影：矢崎康雄

荒川橋梁を渡る72系（昭和43年）

常磐線の各停は72系旧型車から103系に交代中だったが、まだ72系も活躍していた。２年後に複々線化されると上野～取手間の各停はすべて快速となった。

撮影：荻原二郎

北千住駅快速ホーム（昭和46年）

昭和46年４月20日に綾瀬～我孫子間の複々線化が完成、各停と地下鉄千代田線の相互乗り入れが開始され、上野発着の旧各停はすべて快速となった。写真は103系の当駅止まりの電車。

「常磐電車」と「千代田線」

昭和30年代から40年代にかけて、上野駅のコンコースや高架下通路には矢印とともに「常磐電車」という案内が出ていた。東京駅の“湘南電車”にあやかったのではなく、高架ホームに発着する常磐線の緩行電車だけを指したもので、同じ高架ホームや地平ホームの常磐線の案内では見かけなかった。上野駅では東北、高崎、常磐線の中距離電車は発着ホームがランダムなので、このような案内はできなかったのだろう。

常磐線といえば、緩行線と地下鉄千代田線の相互直通運転が開始される前から、不動産業者が「千代田線開通で便利になる」と常磐沿線の住宅開発の広告を乱発していた。千代田線の電車が取手まで乗り入れてくると、その途中駅は千代田線松戸駅、千代田線柏駅、千代田線我孫子駅…といった表現を新聞広告やビラ、看板に使うようになって、とうとう常磐線の綾瀬～取手間の緩行線は「地下鉄千代田線」の延長区間、または並行路線であるかのようなイメージを作ってしまった。

おかげで沿線の土地や住宅は飛ぶような売れ行きで、ベッドタウン化による人口増加と常磐線の混雑が急速に進んだ。この大発展の根源は千代田線のおかげ？　となるところだが、当時は常磐線が公共事業体の国鉄であり、千代田線が半官半民の性格を残す帝都高速度交通営団の運営だったので、ともに不動産開発には手が出せなかった。そこで誕生したのが、常磐線沿線の大発展は「お不動さん」、つまり「お不動産」のご利益であったという笑い話だった。不動産屋さんにオンの字が付いてもおかしくない状況だったのである。

15両編成の通勤電車に乗って、すっかり都市化した常磐線の複々線区間を通るたびに、この話を思い出す。今もお不動産の効験は続いているのだろうか。（三好好三）

常磐緩行線の希少車両

207系900番代（代々木上原駅）

常磐緩行線の異端車であり試作要素をもった国鉄（現・JR）初のVVVFインバータ制御車として昭和61年に登場。10連１本のみ製造され、E233系の投入時期の平成22年に廃車となった。JR西日本で活躍する207系は同じ４扉の通勤車ながら、全く異なる車両である。（平成17年撮影）

209系1000番代（金町駅）

平成11年に登場したが増備がなく、現在も松戸車両センターに10連２本が配置されるのみ。地下鉄千代田線と直通するため、中央・総武線や八高線などの209系と異なって貫通路が設置されている。E233系が投入されたため、去就が注目される少数派である。

営団（現・東京メトロ）06系（小田急多摩線内）

平成４年、有楽町線用07系とともに、千代田線に06系が１編成のみ投入。07系は東西線に転属したが、06系は「虎の子の１本」として活躍中。その後、16000系が開発されたため、06系の製造は終了。小田急線にも直通するため、常磐線緩行内で姿を見る機会は少ない。

直流区間

綾瀬《あやせ》

埼玉・東京を流れる綾瀬川から地名
足立・葛飾区の区境にJR、地下鉄駅

地平時代の旧綾瀬駅（昭和42年）

旧綾瀬駅は昭和18年に綾瀬川に近い田園地帯に開設された。常磐線複々線化工事の時期に駅は亀有寄りに移動し、地下鉄千代田線の管轄駅に生まれ変わった。

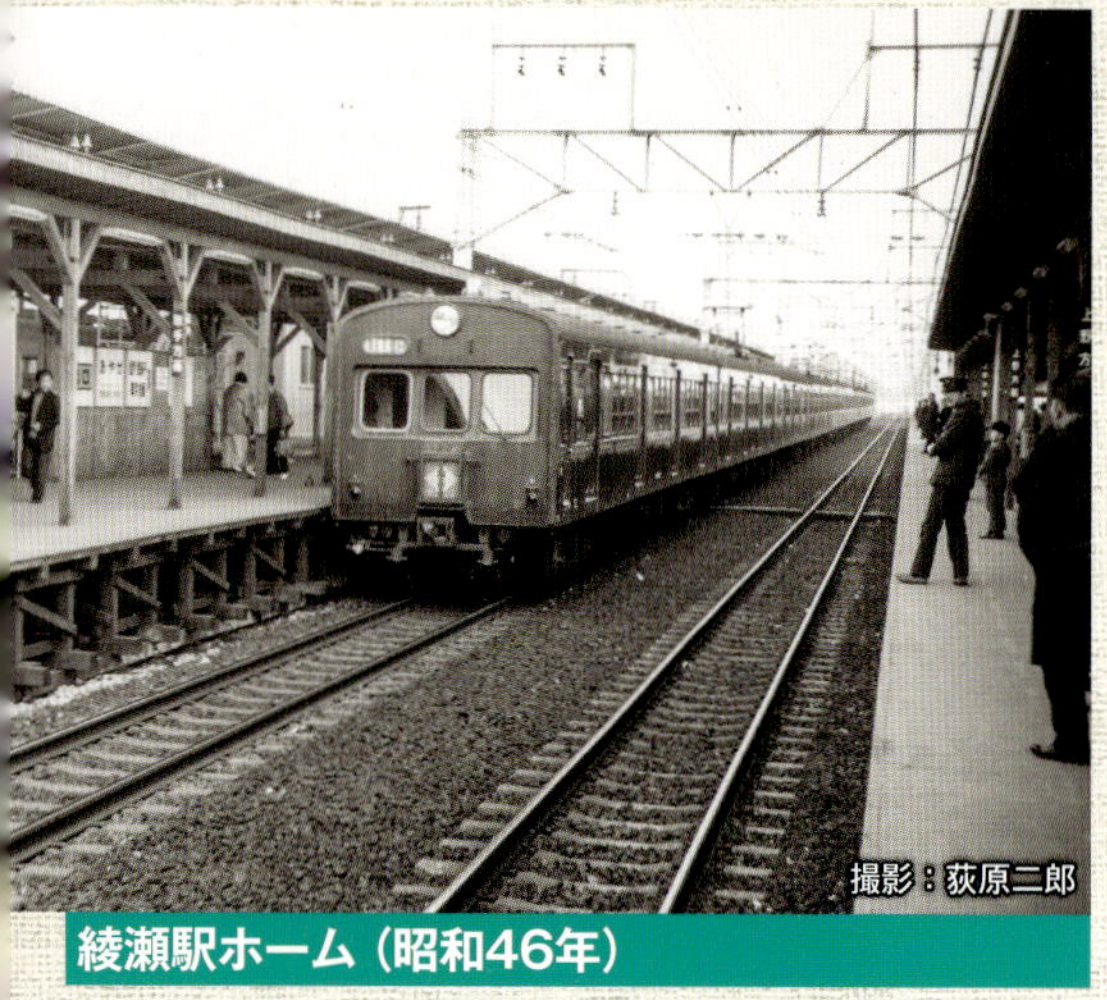

綾瀬駅ホーム（昭和46年）

複々線化工事中の綾瀬駅下りホームと取手行き下り電車。常磐線に集結していた戦前派の40系は昭和40年前後に地方線区へ転出し、72系と103系の時代になっていた。

旧綾瀬駅（昭和42年）

旧綾瀬駅は築堤上に相対式２面２線のホームがあった。高架複々線化で駅が東（亀有寄り）に移動したため、現在この場所は高架線の下になっている。

「綾瀬」の名称は、この付近を流れる綾瀬川に由来する。埼玉県桶川市に水源があり、埼玉県・東京都を通り、中川に注ぐ。以前は利根川・荒川の本流で、荒川放水路ができる前は、旧綾瀬川を経由して、隅田川に注いでいた。

この綾瀬川沿いにかつては埼玉県南埼玉郡綾瀬村（現・蓮田町）、東京府南葛飾郡南綾瀬村（現・葛飾区の一部）などが存在し、東京府南足立郡綾瀬村が現在、足立区の一部である「綾瀬」となった。

綾瀬駅は昭和18（１９４３）年に開業した比較的新しい駅である。開業当時は現在の場所ではなく、北千住寄りであった。昭和46（１９７１）年、営団地下鉄（現・東京メトロ）の綾瀬駅が開業し、昭和54（１９７９）年にはさらに北綾瀬駅まで延伸している。

ＪＲと東京メトロの共同使用駅で、現在は東京メトロの管轄駅となっており、みどりの窓口は設置されていない。千代田線の列車はすべて停車するが、常磐線の列車は緩行線で運転されている常磐線各駅停車のみが停車する。

この綾瀬駅は足立区と葛飾区の区境に位置し、２つの区内や埼玉県八潮市内に向かう路線バス（東武、京成、京成タウン）コミュニティバス「はるかぜ」が西口を主体にして発着している。

綾瀬駅東口（現在）

「サンアヤセ商店街」がある綾瀬駅の東口。道路を挟んだ向かい側には、イトーヨーカドー綾瀬店が建つ。反対側の西口の高架下には、バスターミナルが設けられている。

撮影：荻原二郎

高架複々線化後の綾瀬駅（昭和46年）

昭和46年4月20日に営団（現・東京メトロ）千代田線の綾瀬駅が完成、国鉄と千代田線の接続駅となり、駅は営団地下鉄の管理となる。

古地図探訪

昭和33年／綾瀬駅付近

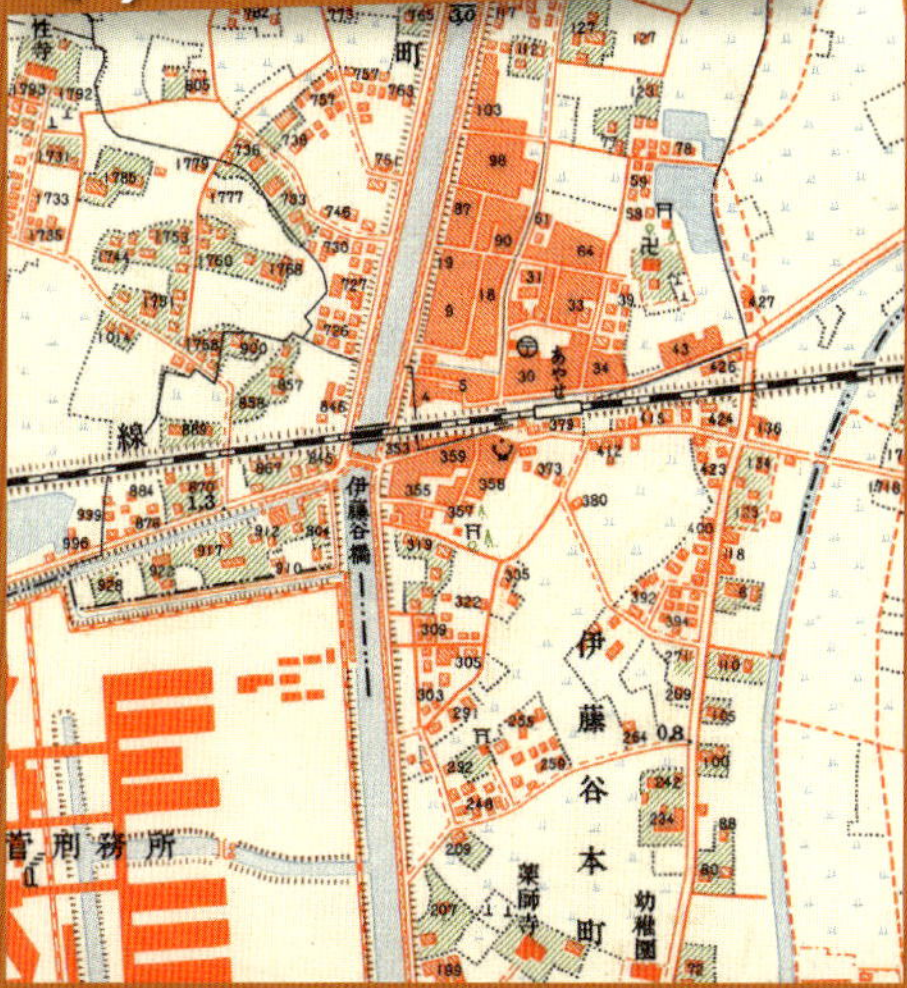

現在の地図と大きく異なるのは、駅の西側の綾瀬川の上に、首都高速6号三郷線が通っていないことである。また、駅南西に広がる巨大な小菅刑務所（東京拘置所）以外は、農地が多く残っていることである。駅の南側の地名は「伊藤谷本町」で、綾瀬川には伊藤谷橋が架かっている。駅から北西に伸びる千代田線の線路は存在せず、付近には湿地が残っていたこともわかる。

撮影：荻原二郎

新塗色の485系（平成8年）

昭和40年に483系として登場した交流直流両用特急型車両による「ひたち」は、485系に発展して活躍したが、昭和63年以降に651系、E653系が登場して順次交代した。写真は「イルカ色」と呼ばれたリニューアル車両。

撮影：小川峯生

綾瀬付近の客車時代の「はつかり」（昭和35年）

常磐線経由の上野～青森間の特急「はつかり」は、44系客車を青色に塗って昭和33年10月1日にデビュー、昭和38年4月にキハ81系にバトンタッチして消えた。

見所スポット

かつしかハープ橋

世界初の曲線斜張橋として、昭和62（1987）年に開通した。綾瀬川と中川の合流地点にあり、上平井水門と隣接している。

東京武道館

平成元（1989）年、東綾瀬公園内に完成した武道館。ボクシングの世界戦、プロレスのタイトルマッチ、バレーボールの試合などに使用されている。

撮影：荻原二郎

綾瀬駅ホーム（平成13年）

昭和46年4月の複々線化、各停の地下鉄千代田線との相互乗り入れ開始に伴い、綾瀬駅は営団地下鉄（現・東京メトロ）の所管となった。写真は常磐線からの乗り入れ専用車・209系1000番代であり、203系の後継車である。

直流区間

亀有《かめあり》

明治30年、日本鉄道の駅として開業 人気漫画の舞台、駅前に主人公の銅像

亀有駅付近の空撮（昭和57年）

亀有駅西側の上空から亀有駅周辺を臨む。この付近では幹線道路（環状七号線）の整備が続けられていた。亀有リリオはまだ誕生していない。

東京都葛飾区にある駅で、この駅の周辺が舞台となった、秋本治の漫画「こちら葛飾区亀有公園前派出所」は有名である。平成18（2006）年、亀有駅の北・南口に漫画の主人公、両津勘吉の銅像が設置された。また、周辺にはほかの登場人物の銅像も設置されている。

「亀有」の地名は、鎌倉時代の歴史物語『義経記』の中に「亀なし」として登場し、以後、「亀無」「亀梨」の地名が使われたことが起源である。このあたりは「亀」の甲羅の形を「成す」土地（低湿地）だったことによるが、その後「無し」の地名は縁起が悪いということで「亀有」の地名に転じた。明治時代初期には南葛飾郡亀有村で、青戸村と合併して亀青村となり、昭和7（1932）年に東京市葛飾区の一部となった。

亀有駅は明治30（1897）年5月、松戸～北千住間の中間駅として誕生した。当初は隣接する「新宿《にいじゅく》」に駅が作られる予定であったが、地元の反対で亀有に誕生することになった。

亀有は旧水戸街道の一里塚があった場所で、千住宿から一里（4キロメートル）離れた場所だった。葛西用水（曳舟川）と旧水戸街道が交わる場所に「亀有一里塚跡」が存在したが、現在は付近に石碑、水戸黄門のモニュメントが建てられている。

亀有駅北口広場（現在）

この北口広場に設置されているバスターミナルからは、六ツ木都住、西水元、八潮駅などに向かう東武バスが発着している。

撮影：荻原二郎

亀有駅の103系1000番代（昭和46年）

昭和46年４月20日の複々線完成、地下鉄相互乗り入れ開始直前の模様。上野～取手間の電車はすべて上野発着で、直通用の103系1000番代も各停として上野駅に顔を出していた。

亀有駅南口（現在）

亀有駅南口には、駅前広場に面して葛飾区亀有区民事務所、かめありリリオホール、イトーヨーカドーなどが入る亀有リリオがある。

古地図探訪

昭和33年／亀有駅付近

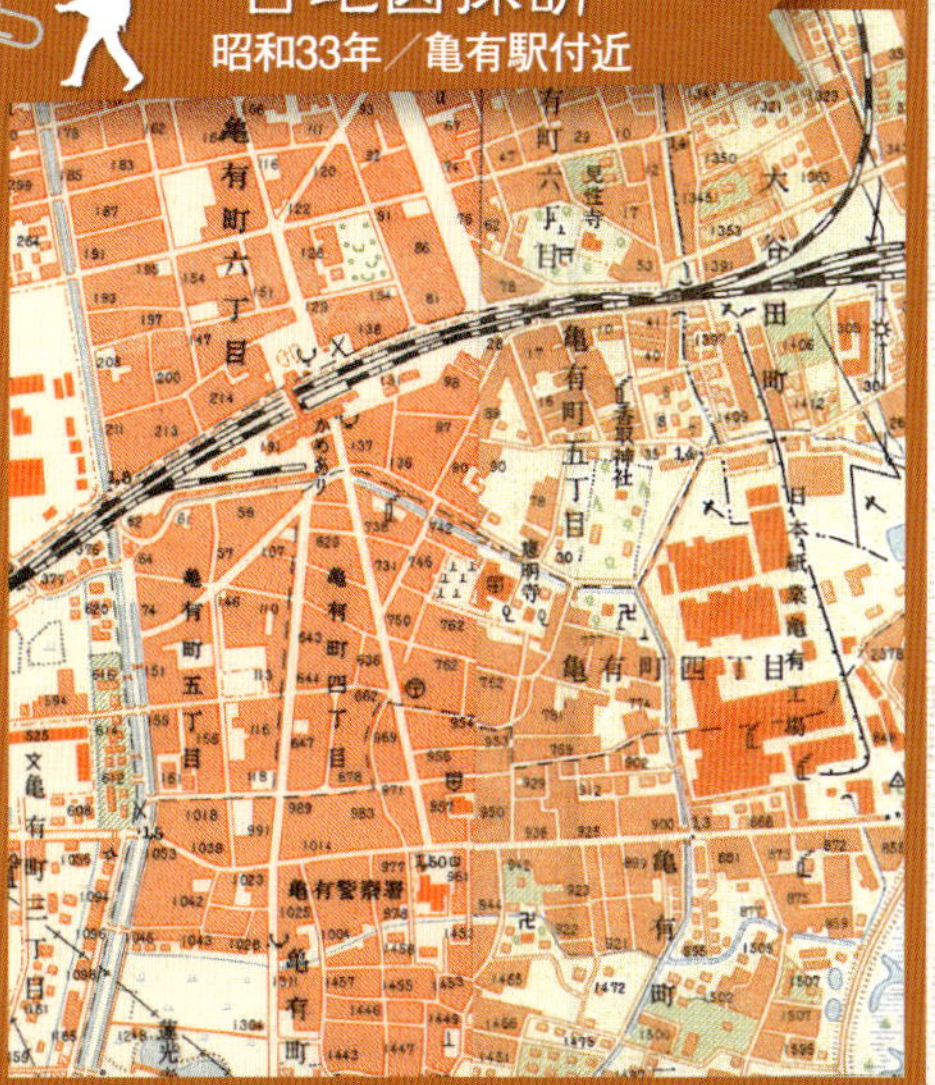

この当時の亀有駅の周辺には大きな工場が存在していた。駅の南西にあった日本紙業亀有工場は現在、商業施設「アリオ亀有」に、北西にあった三共製薬亀有工場の跡地は東部地域病院、東京都赤十字血液センターに変わった。その西側にある「文」マークは葛飾区立中之台小学校、線路を越えた南側にある「文」マークは同道上小学校である。駅の東側では南北に通る「環七通り（東京都道318号）」が整備されていた。

東京縦貫線から上野東京ラインへ

常磐線の列車は上野が起終点との認識が定着していたが、上野から東北本線と東海道本線の連絡線（通称・東京縦貫線、大正14年完成）を通って東京駅まで顔を出していた客車列車もあったのである。

終戦直後の昭和21（1946）年８月１日から混雑緩和の一環として、東北本線の宇都宮、高崎線の高崎、常磐線の水戸から蒸気機関車牽引の通勤列車が各１本ずつ、連絡線を通って当初は新橋駅まで、後に東京駅まで直通運転を開始したのであった。３線とも朝は上り１本、夕は下り１本で、客車は主にスハ32・オハ35系、後に一部オハ61系が使用された。

その後東北、高崎、常磐線から東海道方面に直通する特急や急行は設定されたが、これらとＳＬ列車とは別に、山手線、京浜東北線の分離工事中の昭和29年４月～ 31年11月の間、部分的に完成した線路を使って常磐線の電車が有楽町まで朝夕乗り入れていた。が、これは一時的なものに終わっている。

東北、高崎、常磐線の電化が進むにつれてＳＬ列車は電気機関車牽引、電車へと変遷したが、常磐線だけは電化進捗の関係で昭和36（1961）年５月31日までC62形牽引の列車が東京駅に一日２回顔を見せていた。その後東北、高崎、常磐線とも２往復に増えていたが、連絡線の神田～秋葉原間の用地を東北新幹線に譲ったので線路が分断され、昭和48（1973）年４月１日に廃止となった。

それから42年後の平成27（2015）年３月14日に旧連絡線の一部を走る東北新幹線の上層に「上野東京ライン」が開通し、東北、高崎、常磐線と東海道線の直通運転が実現する。これでスルー運転に対応した101年前の東京駅完成以来の夢がかなったことにもなるのである。（三好好三）

見所スポット

両津勘吉像

漫画「こちら葛飾区亀有公園前派出所」の地元だけに、街のあちこちで主人公、両津勘吉像を見ることができる。

ゆうろーど（亀有銀座商店街）

亀有を代表する駅南口の商店街。駅前から旧水戸街道まで、下町情緒あふれる商店街の店舗が続く。「こち亀」の「少年両さん像」がある。

香取神社

鎌倉時代の建治２（1276）年に創建され、江戸時代には亀有村の鎮守として崇敬された。狛亀で知られ、境内の道祖神社は「美脚の神様」として知られる。

直流区間

金町《かなまち》

亀有駅より少し遅れ、明治30年開業
京成金町線で、柴又帝釈天のお膝元へ

金町駅南口（昭和42年）

複線時代の金町駅南口は京成バスが発着する狭い広場があった。画面の行列は左奥の京成金町駅から柴又の帝釈天に向かう初詣客。混雑ぶりがうかがえる。

金町駅南口（現在）

金町駅は盛り土をした上にある地上駅で、北口、南口とは地下のコンコースで結ばれている。この南口の南側において、京成金町駅と連絡している。

金町駅に到着の203系（平成6年）

常磐線と地下鉄千代田線乗り入れ用の103系1000番代の後継車としてアルミ車体・冷房付きの203系が昭和57年に登場し、平成23年まで活躍した。

金町駅はお隣の亀有駅に遅れること7カ月、明治30（1897）年12月に同じく日本鉄道の北千住～松戸間の中間駅として開業した。現在も金町～松戸間は3・9キロメートル離れており、取手までの常磐線内では最長距離区間である。

「金町」という地名の由来は不明である。古くは「金町郷」といい、江戸川のほとりにある香取神社領の中心地だった。また、「金町屋」といわれた時期もあり、明治2（1869）年には小菅県南葛飾郡金町村となった。明治4（1871）年に東京府に併合され、そのまま南葛飾郡金町村だったが、昭和7（1932）年、東京市35区のひとつ、葛飾区金町に変わった。

また、金町駅の南には、京成金町線の京成金町駅がある。この路線の前身は明治32（1899）年、柴又～金町（現・京成金町）間が開通した帝釈人車鉄道で、大正元（1912）年、電化の曲金（現・京成高砂）～帝釈間が開通し、大正2（1913）年、柴又・金町間も電化された。映画「男はつらいよ」で有名になった柴又帝釈天（題経寺）は、柴又駅が最寄り駅で、金町駅でJRから乗り換える観光（参詣）客も多い。当初、610ミリメートルの軽便の軌間は電化により1372ミリメートルに、昭和34（1959）年に1435ミリメートルになった。

所蔵：生田 誠

柴又帝釈天（昭和戦前期）

正式な名称は経栄山題経寺、日蓮宗の寺院で、「帝釈天」は仏教を守る守護神のひとつ。映画「男はつらいよ」の主人公ゆかりの寺として有名になった。

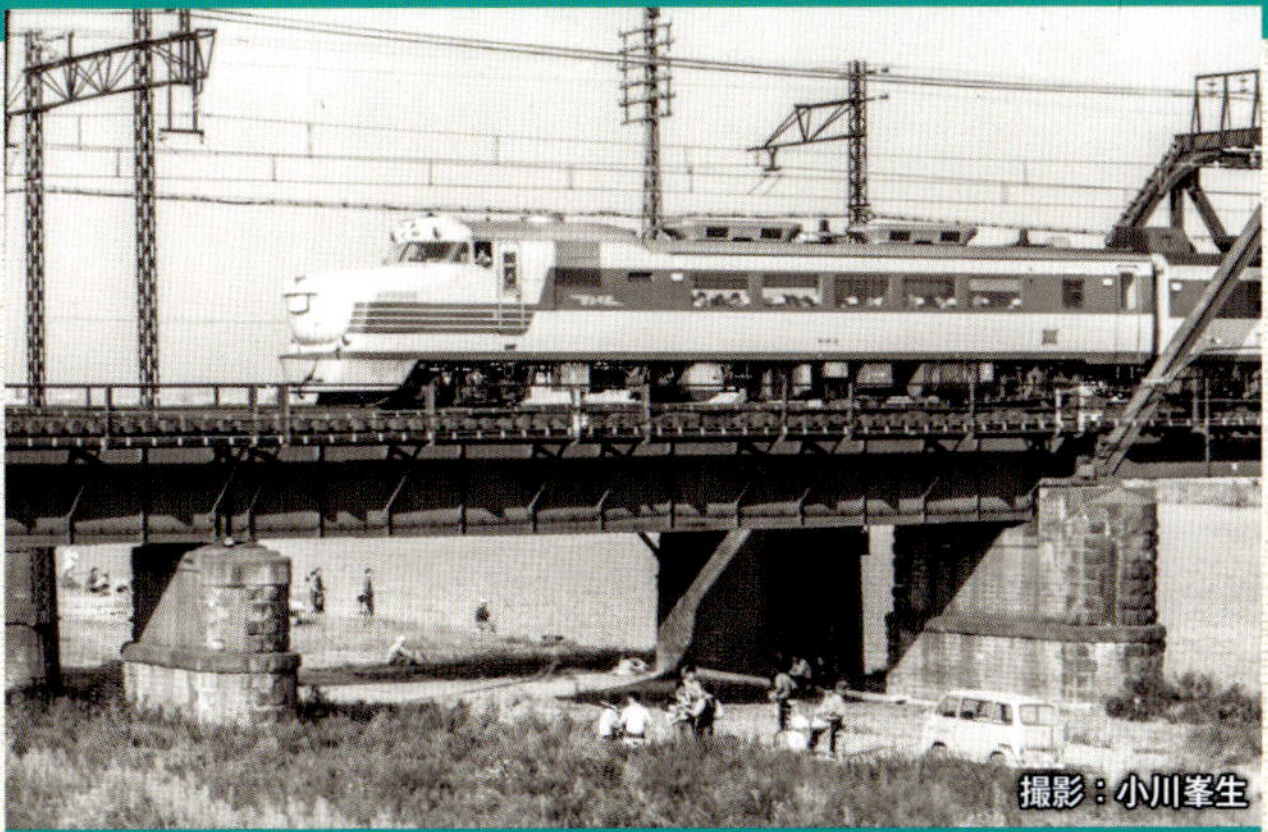

撮影：小川峯生

江戸川を渡る「はつかり」（昭和41年）

東京と千葉の都県境となる江戸川橋梁を渡るキハ81系特急「はつかり」。昭和38年４月から43年９月までが気動車特急の時代だった。

古地図探訪

昭和33年／金町駅付近

地図上で一瞥してわかる通り、この当時は、金町駅の南北で地区の様子が大きく異なっていた。南、東側は宅地がほとんどであるのに対して、北、西側には工場と農地が広がっていた。駅の北には東北毛織工場、西北には三菱製紙工場があった。この三菱製紙中川工場は平成15（2003）年に閉鎖されたが、同時に金町駅から伸びる専用線も廃止となった。その跡地は現在、東京理科大学葛飾キャンパスなどに変わっている。

C57が牽引する成田線列車（昭和42年）

我孫子から上野まで常磐線に乗り入れてくる成田線の列車はC57形機が木造車鋼体化のオハ61系客車を牽引していた。蒸気運転は昭和44年３月に廃止され、電車化された。

撮影：林 嶢

金町付近を走る常磐緩行線の最新車両（現在）

左は平成21年に登場したJR東日本E233系2000番代。地下鉄千代田線に乗り入れるため同系列としては唯一の狭幅車両。右は平成22年から製造が始まった東京地下鉄16000系。将来の6000系置き換えも想定した車両である。常磐線内には直通しないが、千代田線と乗り入れている小田急電鉄ではE233系をベースにした4000形が綾瀬まで活躍中。

見所スポット

南蔵院（しばられ地蔵）

在原業平ゆかりの業平塚のかたわらに建てられた天台宗の寺院で、正式名称は業平山南蔵院東泉寺。縄で縛られた「しばられ地蔵」が有名。

金町浄水場

大正15（1926）年に竣工した東京都水道局の浄水場で、江戸川に取水塔が設置されており、厚生労働省の「近代水道百選」に選ばれている

葛飾にいじゅく未来公園

葛飾区最大の面積をもつ区立公園。多目的広場やテニスコートがあり、西側には区民に開放されている東京理科大学葛飾図書館棟がある。

直流区間

松戸《まつど》

東京都から江戸川を渡り、千葉県の西端へ
明治29年に誕生、新京成との接続駅

所蔵：フォト・パブリッシング

松戸駅の旧駅舎（昭和35年）

元々は列車の駅だったが、昭和11年に上野〜松戸間が電化され、電車運転の開始、電車区の開設などにより一躍中核駅となった。旧駅舎は列車時代の味を残していた。

松戸駅西口（現在）

松戸駅は常磐線の複々線化、緩行線と地下鉄千代田線との相互直通運転に備えて昭和46年2月に橋上駅化され、4面8線の大きな駅となった。昭和61年に西口高架デッキが竣工している。

所蔵：フォト・パブリッシング

夜の松戸駅ホーム（昭和55年）

地下鉄千代田線からの直通電車から降り立つ、勤め帰りの人たち。車両形式は変わったものの、毎日の通勤風景は変わらない。

撮影：山田虎雄

松戸駅西口（昭和57年）

常磐線の主要駅で新京成電鉄線と連絡している。橋上駅化と駅ビルは昭和46年の複々線化の時に完成した。昭和60〜61年に東口・西口にデッキと自由通路が完成している。

「松戸」の地名の由来には諸説あり、馬の飼育が盛んで「馬里（うまさと）」から変わったという説、ヤマトタケルゆかりの「待つ里」から来たという説、川の渡し舟を「待つ里」だったという説などが存在する。江戸時代の「松戸」は水戸街道の千住（足立区）、新宿（葛飾区）に続く第三の宿場があった。ここに至る途中の江戸川（太日川）には橋はなく、川を越える渡し舟を利用するしかなかった。その代表的なものが歌謡曲で知られる「矢切の渡し」である。江戸川を越えれば、武蔵（東京都）から下総（千葉県）に入り、松戸の地となる。

明治22（1889）年、松戸駅（宿駅）、小山村、上矢切村などが合併して、松戸町ができ、昭和8（1933）年、明村と合併して、新たな松戸町が生まれた。昭和18（1943）年、馬橋村、高木村と合併して、千葉県では7番目の市である松戸市が誕生した。

松戸駅は明治29（1896）年、日本鉄道の駅として誕生。国有化後、常磐線の主要駅となった。昭和30（1955）年、旧陸軍鉄道連隊演習線の路線を利用した新京成鉄道新京成線の初富〜松戸間が開通し、新京成の松戸駅が誕生、乗り換え駅となった。松戸駅の南には松戸車両センターがあり直流電車が配置されている。

松戸付近を疾走（昭和36年）

昭和30年代には、江戸川を越えて千葉県に入ると全くの農村風景が広がっていた。C60形蒸機が牽引する長大編成の列車も全速力で走るのにふさわしい舞台だった。

松戸駅東口（平成元年）

松戸駅は昭和46年４月の緩行線と千代田線の相互直通運転開始や新京成電鉄沿線の開発により利用客が急増し、駅の橋上化が行われた。東口の高架デッキは昭和60年に完成している。

古地図探訪
昭和40年／松戸駅付近

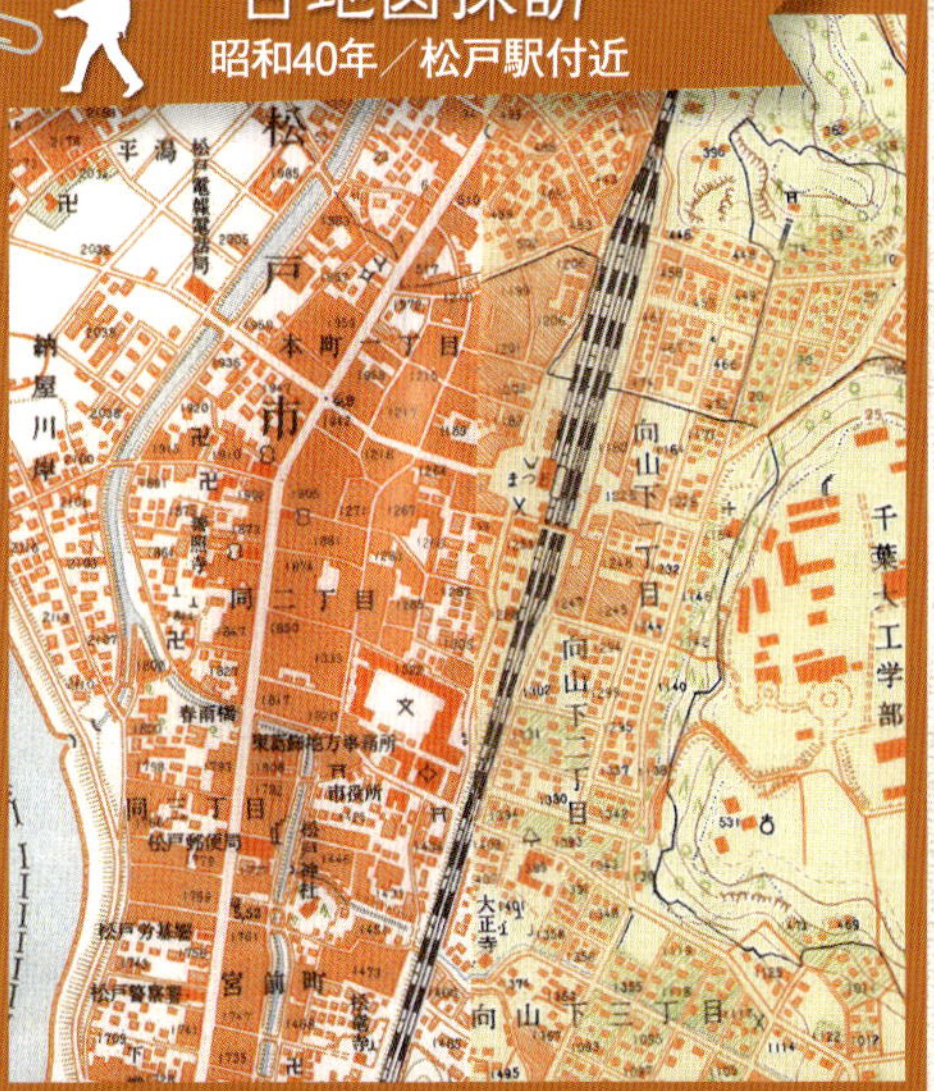

松戸駅の西側には、坂川が流れており、現在も美しい水辺の風景を保っている。また、その西には江戸川があり、緑の多い場所であることがわかる。駅の南西、松戸神社付近にあった市役所は駅の東北に移転、それに代わり、現在は松戸文化ホール、伊勢丹松戸店が生まれている。一方、駅の東側は台地になっており、この当時は千葉大学工学部のキャンパスがあった。現在は聖徳大学のキャンパスに変わり、松戸中央公園は市民の憩いの場となっている。

松戸駅東口（現在）

東口イトーヨーカドー方向に新京成バスのターミナルがあり、三矢小台、東松戸駅、梨香台団地などへ向かうバスが発着している。

松戸駅ホームの表情（昭和40年）

上野～松戸間が電化されて省電（国電）が走り始めてから30年、せわしい国電区間ながら常磐線の駅には列車時代の風情が色濃く残っていた。

見所スポット

二十世紀梨発祥の碑

駅南東約3.5キロメートルの「二十世紀公園」内に建つ。明治37（1904）年、松戸で生まれた梨の有名ブランド「二十世紀梨」を記念した碑。

松戸神社

寛永３（1626）年創建と伝わる松戸の総鎮守。水戸街道の宿場、陣屋が近く、水戸徳川家の崇敬を受けた。明治15（1882）年に「御嶽大権現」から、現社名に改めた。

戸定が丘歴史公園

水戸藩最後の藩主、徳川昭武の別邸（戸定邸）が国の重要文化財に指定、保存。松戸市は戸定歴史館を設け、歴史公園として整備している。

戦前・戦後の常磐線を支えた40系電車

中距離の401系、各停・快速の103系がデビューしてからの常磐線は、続々と新性能の諸形式が登場して、車両に関しては山手、京浜東北、中央線といった都大路を快走する各線との格差はなくなったが、それ以前は72・73系、さらにそれ以前は40系のクモハ60、クハ55、サハ57、クハニ67形が常磐線の顔であった。

この40系は昭和11（1936）年12月に上野～松戸間が電化された時にモハ41、クハ55、サハ57、クハニ67形が投入されたのが最初であった。以後、その増備車が若干入っただけだったが、常磐線は関東の省線電車（国電）では唯一の20m３扉車で揃った路線となっていた。他の路線では17m車と20m車との混成がほとんどだったので、常磐線の電車は際立って美しく見えた。40系は設計の巧みさから編成を組むと扉がほぼ等間隔に並び、電車史上に残るみごとな編成美を演出していたのだ。

戦後は戦時設計の63形が常磐線にも入ってきたが、やがて京浜東北線を追われたモハ60形（41形の出力強化型）、クハ55形、サハ57形がどっと転属して来て、常磐線の40系王国は一段と強化された。同様に総武線や横浜線も40系王国になりファンの人気を集めていたが、常磐線のほうが整って見えた。常磐線には関西から転属してきた40系が常に交じっていたのもファンを喜ばせた。

昭和35年（1960）度から常磐線のサハ57形に運転台を増設してクハ55形300番代が誕生したが、これは地方の線区へ転出するための準備工事で、やがて昭和39年頃から約２年の間に常磐線の40系は全て北関東、中部、近畿、中国地方の路線に転出し、後釜には４扉３段窓の72系が入ってきた。昭和40年代の阪和線が常磐線の40系の継承路線となったが、オレンジ色に塗られ、小改造を受けて見る影もなかった。しかし、40系電車は各線区で昭和50年代末まで生き延びた。

30年にわたって常磐線の顔になっていた40系が消えた当座は寂しかったが、順次エメラルドグリーンの103系と交代して、常磐線は近代化が進んだ。今ではあまり40系時代が話題に上らなくなったが、初期、中興期の代表車として顕彰しておく次第。

（三好好三）

撮影：荻原二郎

松戸駅に停車中の２階建て車両（平成４年）

昭和61年から投入された中距離用の415系1500番代は、直流区間用211系の交直両用版のステンレス車。平成３年に２階建てクロス席のクハ415-1901を試作して使用していたが、平成18年３月に廃車となった。

撮影：小川峯生

松戸駅の40系電車（昭和35年）

先頭車は40系のサハ57形に運転室を取付けたクハ55形300番代。前面にも幌を付ける関西国電に似ていたので人気を呼んだが、地方線区に転出するための改造だった。

撮影：山田虎雄

松戸駅に停車中の103系快速（昭和57年）

上野発着の上野～取手間の快速電車は103系の担当が長く続いた。昭和62年12月からは103系初の15両編成が登場した。

撮影：小川峯生

常磐線生え抜きのクハニ67002（昭和36年）

昭和11年の松戸電化と松戸電車区開設の際に配置されたのは40系のモハ41形、クハ55形と半室荷物室のクハニ67形だった。67形は常磐線オリジナルで昭和30年代末まで活躍した。

所蔵：生田誠

松戸市街（大正時代）

緑の多い下総台地、松戸中央公園側から見た松戸市街。奥には江戸川が流れ、その先は埼玉県三郷市、東京都葛飾区となる。

所蔵：新京成電鉄

松戸駅西口広場（昭和40年頃）

高架デッキが完成する前の松戸駅西口付近。広場を囲む商店は2階建てで、人通りもそれほど多くなかった。

所蔵：新京成電鉄

松戸駅東口広場（昭和40年頃）

左手にはイセウストアー、右手には堀江良文堂書店が店を構える松戸駅の東口広場。ともに現在のビルになる前の建物で、客待ちタクシーの姿も。

所蔵：新京成電鉄

松戸駅西口付近（昭和30年頃）

駅前整理事業が行われる前の松戸駅西口付近。大衆食堂や果物店が店を構える狭い通りをボンネットバスが走っていた。

撮影：小川峯生

開業当時の新京成電鉄松戸駅（昭和30年）

のどかな雰囲気が漂う新京成の松戸駅。国鉄（現・JR）の松戸駅は左側であるが、常磐線の複々線化前は国鉄ホームとの間が広かった。

提供：朝日新聞社

松戸駅付近の空撮（昭和53年）

中央を斜めに走る常磐線に沿って発展を続ける松戸市街。駅北東で、新京成線が分かれ、線路の分岐点付近に松戸市役所がある。左手を流山街道が上下に走る。右奥には松戸中央公園、聖徳大学のキャンパスが広がる。

直流区間

北松戸《きたまつど》

競輪場の臨時停車場は昭和27年から 東側に日光街道、明治神社などの古跡

提供：毎日新聞社

北松戸駅付近の空撮（昭和48年）

工業団地が誘致されていた頃の北松戸駅周辺。手前には、松戸競輪場の33バンクが見える。この付近では常磐線、国道6号線が平行して走っている。

北松戸駅西口（現在）

北松戸駅の西口方面は低い土地であるため、橋上駅舎とは歩道橋で結ばれている。すぐ北西には松戸競輪場、宝酒造松戸工場が存在する。

北松戸駅東口（現在）

ロータリーのある駅前広場に面して建つ、北松戸駅の駅舎。このすぐ前を国道6号が走り、その先に明治公園、松戸運動公園などがある。

北松戸駅は昭和27（1952）年5月、松戸競輪場の開催日に列車が停車する臨時停車場（駅）として開設された。このときの駅名は「松戸競輪場前」で、昭和33（1958）年12月に常設駅となり、駅名が改称された。

駅名の由来は、駅東側の地名にもなっている「北松戸」だが、駅の所在地は「上本郷」である。この東側には、水戸街道（国道6号）が通り、このあたりの中心地があった。駅前の坂を上がった場所にあるのが明治神社で、創建は不詳だが、一節には江戸時代の元禄15（1702）年といわれる。以前は「妙見社」と呼ばれ、明治2（1869）年に現社名となった。御祭神は国常立命（くにのとこたちのみこと）である。この付近には「上本郷七不思議」といわれる場所が点在し、「二つ井戸」の石碑などが残っている。

また、その南には本福寺、本覚寺という2つの寺院がある。日蓮宗の本覚寺は元禄12（1699）年の創建で、「富士見の松」という七不思議のひとつがあった場所である。一方、時宗の本福寺には同じく七不思議のひとつ「斬られ地蔵」が残り、門前には吉田松陰ゆかりの寺として「吉田松陰脱藩の道」の碑が建てられている。嘉永4（1851）年、長州藩邸から脱走した松陰はこの寺に泊まり、東北を目指した。

台東区
荒川区
足立区
葛飾区
松戸市
柏市
我孫子市
取手市
龍ケ崎市
牛久市
土浦市

古地図探訪

昭和40年／北松戸駅付近

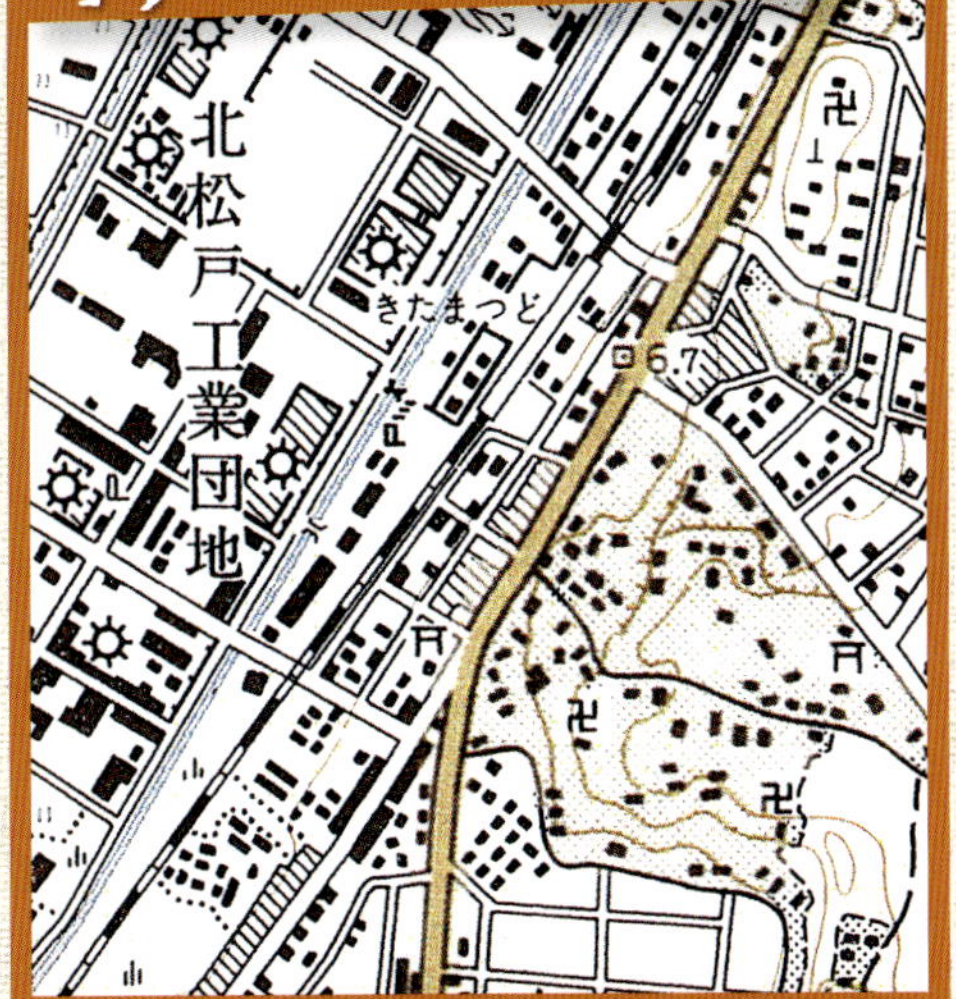

北松戸駅の西側には、新坂川、坂川、六間川などの川が流れている。また、江戸川との間には流山街道が走っていた。一方、駅の東側には国道６号（水戸街道）が通っており、古くから地区の中心地だったことが、神社、仏閣のマークが多く点在することでわかる。駅の北西には、北松戸駅の誕生のきっかけとなった松戸競輪場がある。その南には、松戸工業団地が造成され、現在もキングジム松戸工場などが操業している。

見所スポット

二つ井戸跡

上本郷七不思議のひとつで、並んだ２つの井戸の水が交互に澄んだり、握ったりしていたという。現在は、記念碑が建てられている。

松戸運動公園

プール、体育館、陸上競技場、野球場、武道館などのスポーツ施設がそろった松戸市立の公園。本格的な相撲場があることが特徴になっている

北松戸付近を走る103系快速（昭和56年）

松戸を発車した103系は高速で次の停車駅の柏まで10分足らずで結ぶ。非冷房車のため窓が開いており、MT55型のモーター音が耳に響いたのではないだろうか。

北松戸付近を走る列車（昭和56年）

583系寝台特急電車と貨物列車がすれ違う様子。当時は現在よりもバライティ豊かな車両の姿が見られた。583系は常磐線経由で東北地方を結ぶ「ゆうづる」や「みちのく」として活躍した。

C62牽引の特急「はつかり」（昭和38年）

客車で登場した初期の特急「はつかり」は常磐線の花形だった。C62も精彩を放っていた。

複線時代の馬橋駅（昭和35年）

流鉄線を分岐する馬橋駅は明治31年の開業。複々線化までは列車時代の駅舎が健在だった。複々線化で常磐緩行線と流鉄線の間に快速線を通したので、駅は一新した。

直流区間

馬橋《まばし》

長津川に架かる水戸街道の橋名が由来 かつての軽便鉄道、流鉄流山線と連絡

馬橋駅東口（現在）

JRの馬橋駅は橋上駅舎をもつ地上駅で、駅前広場にはタクシー乗り場がある。駅名の由来となった長津川に架かる「馬橋」はこの南東に位置する。

常磐線開通100周年（平成8年）

馬橋駅の快速線を通過する103系高運転台の成田線直通車。常磐線開通100周年のステッカーが光る。右は総武流山電鉄（現・流鉄）の馬橋駅。

「馬橋」の地名は、長津川に架かる旧水戸街道の「馬橋」の名に由来する。洪水のために流失することが多かったが、良寛上人が馬の鞍の形をした橋にしたところ、以後は流されなくなったので、その名がついた。橋の北には、良寛上人のいた萬満寺、王子神社が残っている。馬橋は水戸街道の「間の宿」であり、この萬満寺の門前町として発達した。

馬橋駅は流鉄流山線との乗換駅として知られる。JRの流山駅は明治31（1898）年、日本鉄道の土浦線（現・常磐線）の松戸～柏間の中間駅として誕生した歴史がある。当時はお隣の北松戸、新松戸駅は存在しなかった。

大正5（1916）年、流山軽便鉄道の馬橋～流山間が開通し、その連絡駅となった。この鉄道は流山鉄道となり、改軌、電化されて、流山電気鉄道と変わり、総武流山電鉄を経て、流鉄流山線となった。

この駅と手前の北松戸駅との距離は1・3キロメートル、ひとつ先の新松戸駅との距離は1・6キロメートルで、常磐線の中では比較的短い駅間となっている。これは松戸競輪場最寄り駅の北松戸、武蔵野線連絡駅の新松戸駅が戦後、誕生したからである。また、本家の松戸駅を含めて、「松戸」を名乗る3駅の間に、この「馬橋」駅が挟まれる珍しい状態となっている。

台東区
荒川区
足立区
葛飾区
松戸市
柏市
我孫子市
取手市
龍ケ崎市
牛久市
土浦市

快速に転属した103系1000番代（平成5年）

馬橋付近を行く103系1000番代の快速電車。千代田線乗入れ用だったが、次世代の203系が投入されたため、塗色を青緑一色に変えて上野発着の快速用に転じた車両や、塗装を変えずにそのまま使用したものも存在した。

馬橋駅西口（現在）

JR、流鉄流山線の跨線橋、歩道橋で結ばれている馬橋駅の西口。駅前広場には、バス、タクシー乗り場が設けられている。

古地図探訪

昭和40年／馬橋駅付近

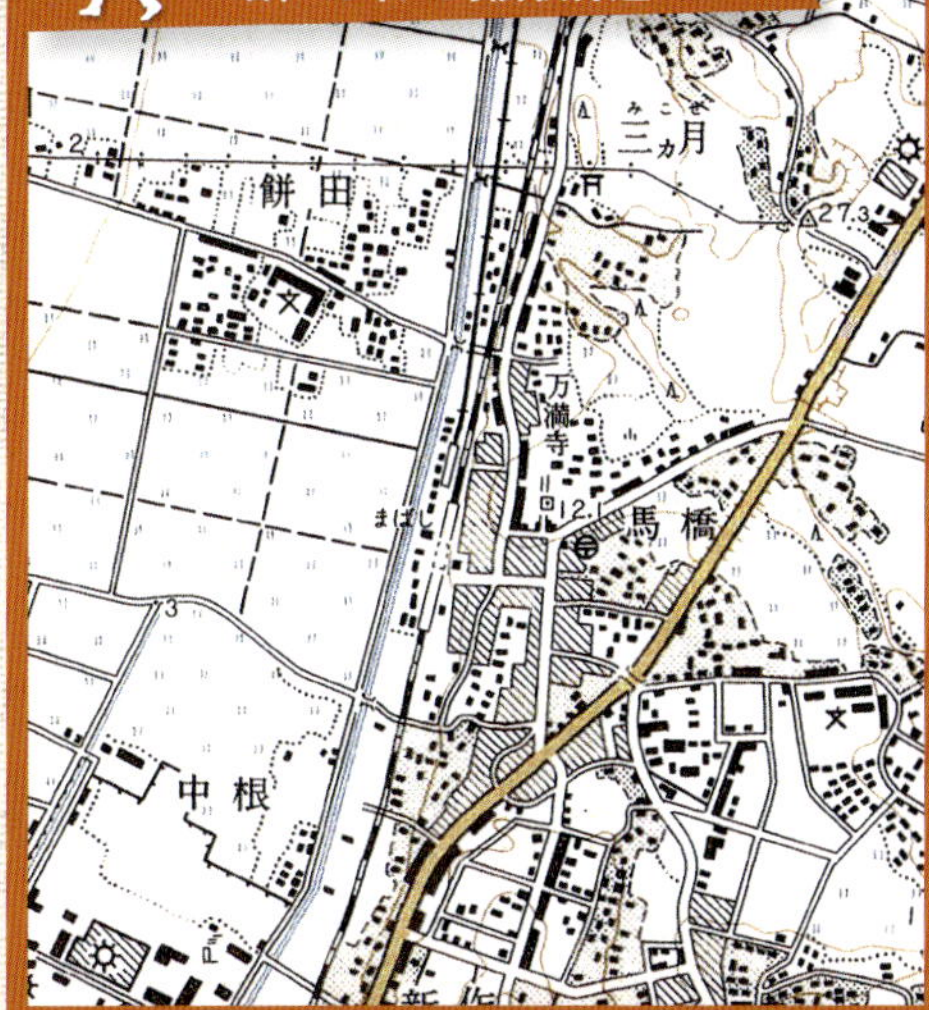

現在は住宅地となっている馬橋駅の西側には、三村新田などの農地が広がっていた。餅田の南に見える「文」マークは、松戸市立馬橋小学校である。現在は、その南に馬橋警察署、松戸馬橋西郵便局ができている。秋の南西、新坂川沿いには宝酒造松戸工場がある。一方、東側には国道6号（水戸街道）が通り、古刹の万満寺の文字が見える。当時の郵便局は、その南にあった。「三ヵ月（みこぜ）」付近の鳥居マークは、三日月神社である。

馬橋駅の流鉄ホーム（平成22年）

レモンイエローが基調カラーの2000形「なの花」は平成25年に引退。西武鉄道の元701系・801系を譲り受けた車両であった。

EH500牽引の貨物列車（現在）

常磐線には武蔵野線との貨物輸送のため馬橋と北小金から各々南流山に向けて短絡線がある。この線の利用により中央線、横須賀線、京葉線などに直通できるため、臨時列車や団体列車も使用することもある。

見所スポット

万満寺

「仁王さまの股くぐり」で知られる臨済宗大徳寺派の寺院。建長8（1256）年、忍性を開山に創建。当初は真言宗の大日寺だったが、後に臨済宗の寺院として再興、現在の万満寺に改称した。

特急「フレッシュひたち」（平成24年）

平成9年にビジネス指向を強めた特急列車「フレッシュひたち」用としてE653系が華々しくデビューした。車体色は5色あった（基本4色、付属1色）その後、平成25年に常磐線から引退し現在羽越本線の特急「いなほ」で活躍中。また平成27年のダイヤ改正においては新設される特急「しらゆき」にも採用される予定。

撮影：高橋義雄

馬橋駅の俯瞰（昭和56年）

取手方向を見たもので、右から常磐緩行線の馬橋駅ホームと緩行下り線、特急「ひたち」の進む線路が常磐快速線上り、その左が武蔵野線への連絡線、その左が103系快速の取手行き、左端が総武流山電鉄（現・流鉄）馬橋駅。

流鉄

常磐線馬橋～流山間5.7 ㎞の小路線。大正５年に762mm軌間の軽便として開業、大正13年に1067mmに改軌、蒸気機関車と内燃車を使用していたが、昭和24年に電化、中古電車の使用から昭和54年以降西武鉄道からの譲渡車に統一した。社名は流山電気鉄道、流山電鉄、総武流山電鉄と改称し、平成20年から流鉄流山線となった。

小金城址駅での交換風景。各社から譲受の中古車両の時代。左は元南武鉄道（現・JR南武線）からの100形、右は元富士山麓電鉄（現・富士急行）からの50形。

鰭ヶ崎駅にて。閑静な住宅街に位置するため、昼間は人の流れはがまばらであり、当時も今もあまり変わらない。（昭和46年）

馬橋駅改札風景。島式ホーム一本の簡素な造りだった。現在でもICカードが使用出来ない鉄道会社で窓口では硬券の切符を買うことも可能。

赤城駅のホーム風景。同駅は昭和44年に赤城台と改称し49年に現在の平和台に改称し同時に自動券売機を設置した。現在、南流山駅や流山おおたかの森駅へ向かう路線バスが近隣から出ている。（昭和36年）

流山駅の駅舎。本屋の他、駅ホーム、構内配線などに蒸気時代以来の歴史をしのばせる雰囲気があった。昭和44年までキッコーマンの万上工場への引込線が分岐していた。また、構内の奥に検車区が設けられている。（昭和40年）

馬橋駅西側の風景。流れている川は坂川支流の新坂川である。この先新坂川沿いに路線が伸び鰭ヶ崎駅の手前で新坂川と坂川が合流する。（昭和57年）

流山駅に停車している「銀河」。昭和53年に西武鉄道元501系を譲受し1200形とした。編成ごとに塗色を変え、愛称を付ける試みが導入された。（平成元年）

馬橋駅に停車中の西武元101N系。流鉄では5000形として平成22年に登場、全列車を２連、ワンマン運転対応とし現在活躍中である。（現在）

馬橋駅付近の西武元151系譲受車。このカラーも西武の地方私鉄向け標準色であった。このように現在に至るまで西武鉄道から移籍する例が多く縁が深い。

新松戸《しんまつど》

昭和48年、武蔵野線開業で新駅誕生 流鉄流山線幸谷駅と広場を挟み並立

撮影：荻原二郎

武蔵野線と接続、新松戸駅（昭和56年）

昭和48年4月1日、武蔵野線の開通と同日に開業した駅で、常磐緩行線と立体交差で連絡している。武蔵野線とは馬橋、北小金でも線路がつながっているが、旅客駅は当駅のみである。

武蔵野線開業時の駅前（昭和48年）

開業時、緩行線のホームから南越谷方面へ向かう武蔵野線の101系電車の姿がよく見えた。無論、現在この場所には中層の建物がたくさん建っている。

新松戸駅（現在）

この新松戸駅の改札口は1カ所で、常磐線の西側、武蔵野線の高架下に設けられている。改札口前には駅前広場、ロータリーがある。

新松戸駅は武蔵野線の開業に合わせて、昭和48（１９７３）年4月に誕生した新しい駅である。開業当時は南越谷方面からの武蔵野線の終着駅だったが、5年後の昭和53（１９７８）年に西船橋まで延長されて、途中駅に変わった。

地図を見れば明らかだが、常磐線の馬橋、北小金駅と武蔵野線の南流山駅がなす三角形のほぼ中心の位置にこの駅はある。南北に走る常磐線と東西に走る武蔵野線は、新松戸駅でほぼ直角に交差する形だが、その先で微妙にカーブしており、三角形の中に含まれることになる。また、その中（間）を流鉄流山線が通り、幸谷駅が置かれている。この幸谷駅と新松戸駅は広場を挟んで向かい合う。

幸谷駅は昭和36（１９６１）年に開業したが、昭和57（１９８２）年に北に３００メートル移設され、現在の場所に置かれた。両駅の西側を新坂川が流れており、北側には新松戸中央総合病院が建っている。

新松戸駅の所在地は松戸市幸谷であるのに対し、流鉄の駅は現在、「新松戸」にあるが、旧地名の「幸谷」をそのまま採用した形である。ＪＲでは当初「北馬橋」を、松戸市は「南小金」を駅名の候補としていたものの、結局は地元が希望した「新松戸」の駅名が採用された。

新松戸駅付近、駐車場（昭和58年）

武蔵野線の開通、新松戸駅の誕生にあわせて、マンション、住宅の建設ラッシュが始まった。駅付近の駐車場もマイカーで埋まった。

幸谷駅付近を走る流鉄電車（昭和56年）

新松戸駅と隣り合わせの幸谷駅付近を走る流鉄の電車。幸谷駅は写真の右側に位置する。この当時の社名は「総武流山電鉄」であった。

開業当日の新松戸駅（昭和48年）

武蔵野線の開通により埼玉県南部や多摩地区への所要時間の短縮が図られた。

古地図探訪
昭和40年／新松戸駅付近

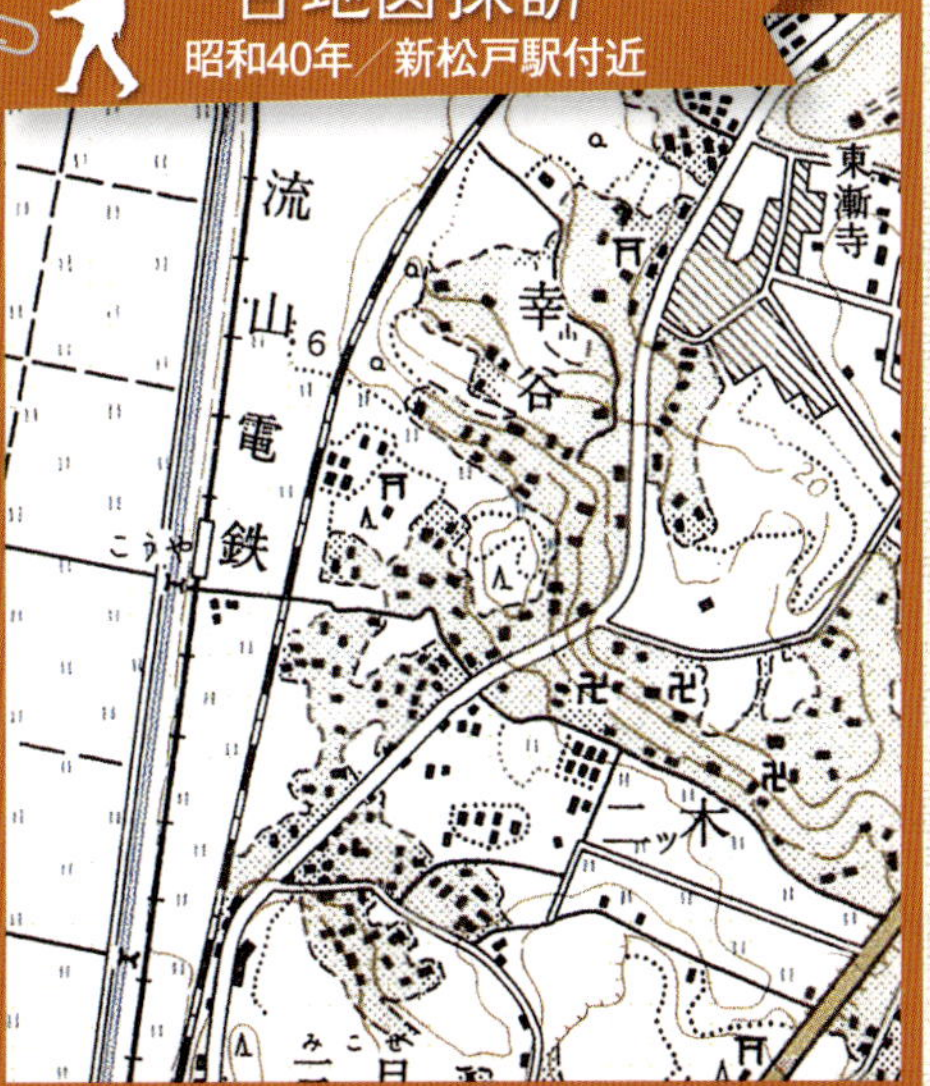

この当時、武蔵野線は開通しておらず、新松戸駅も開設されていない。また、流山電鉄（流鉄）の幸谷駅は北側に300メートル移設される前の位置にある。常磐線の線路の東側に見える「鳥居」マークは現在、新松戸駅の南東（武蔵野線の南側）にある赤城神社である。地図右下（南東）に走る国道6号の北に見える「鳥居」マークは蘇羽鷹神社、その北側には光明寺、福昌寺などの寺院がある。

常磐線遠望（昭和48年）

武蔵野線の高架ホームから常磐線を見たアングル。建物らしい建物は皆無であった。

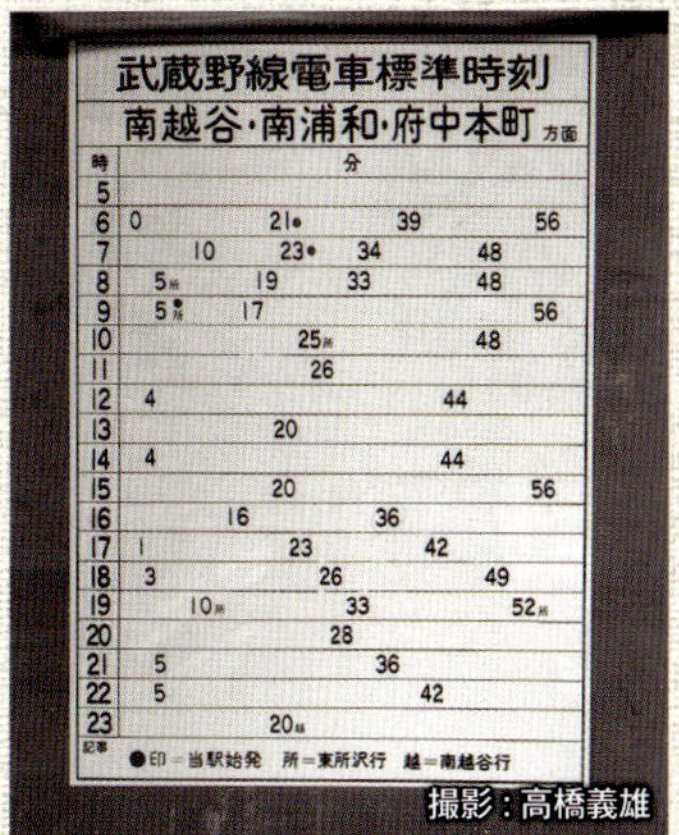

武蔵野線の時刻表（昭和56年）

開業からしばらくの武蔵野線は貨物列車中心に運行されていたため、旅客列車はその合間に運転される程度の本数だった。

撮影：荻原二郎

北小金駅（昭和41年）

北小金駅は明治44年5月の開業で、複線時代の駅周辺には農地が多く、駅舎も列車時代の面影を残す小駅だった。現在は橋上駅化され、市街地化が進んでいる。

直流区間

北小金《きたこがね》

水戸街道の宿場「小金宿」から発展 明治44年、鉄道院の駅として開業

北小金駅北口（現在）

北小金駅の橋上駅舎は線路の南側にあり、奥の改札口から手前に延びる跨線橋を渡り、北口方面に向かうことになる。

北小金駅南口（現在）

北小金駅の橋上駅舎と南口駅前のバス停留所。南柏駅、八柱駅などに向かう東武バス、松戸新京成バスが発着している。

撮影：小川峯生

北小金付近を走る415系（昭和51年）

103系快速が「青電」ならばこの交直流の415系中距離電車は「赤電」と呼ばれた。常磐線は九州北部とともに、国鉄の交直流発祥の地となった。写真のように当時のカラーはローズピンクにクリーム警戒色であったが、後年アイボリー＋青帯の塗装に変更された。

撮影：小川峯生

北小金付近を走る営団5000系（昭和48年）

この車両は比較的短い期間ながらも常磐緩行線に乗り入れた。元々は地下鉄東西線の形式であったが千代田線に投入予定の6000系の開発が間に合わずこの5000系が使用された。

千葉県内を進んできた常磐線は、この北小金駅までが松戸市内で、次の南柏駅からは柏市内となる。だが、その間では一時、流山市内を走っている。松戸市内最後の北小金駅は常磐線が国有化された後の明治44（1911）年、鉄道院（現・JR）の駅として開業している。

「北小金」の駅名は「北」と「小金」が合体したもので、駅の南東は江戸時代、水戸街道の「小金」宿があった場所である。小金宿は「松戸」の次の宿場だった。駅の南西の台地上には小金城跡があり、そのほかにも東漸寺や一月寺、本土寺といった古刹が残っている。

小金（大谷口）城の名は現在、流鉄流山線の「小金城跡」駅の駅名として残されている。室町時代、千葉氏の家臣だった高城氏の居城で、この地域では最大規模だった平山城である。高城氏は豊臣秀吉の小田原攻めの際に北条氏側についたため、滅亡した。城はその後、徳川家康の五男、武田信吉が城主となったが、文禄2（1593）年に廃城になった。

現在、城のあった場所のほとんどが住宅地に変わってしまったが、城跡の一部が「大谷口歴史公園」として保存されている。城下街が太日川（江戸川）の水運で発展したのが金宿（後の小金宿）で、城主が保護した東漸寺、本土寺が栄えた。

583系の「ゆうづる」（昭和55年）

北小金付近を通過する寝台特急電車583系になった「ゆうづる」。昭和43年10月から電車特急になったが、客車の「ゆうづる」も残されていた。

20系ブルトレの「ゆうづる」（昭和51年）

北小金付近を通過した常磐線経由の特急「ゆうづる」。昭和40～43年には20系客車のブルートレインとして走り、583系寝台電車に交代、20系客車も急行「十和田」を格上げの「ゆうづる」として存続した。左は緩行線相互乗り入れの営団6000系。

古地図探訪

昭和40年／北小金駅付近

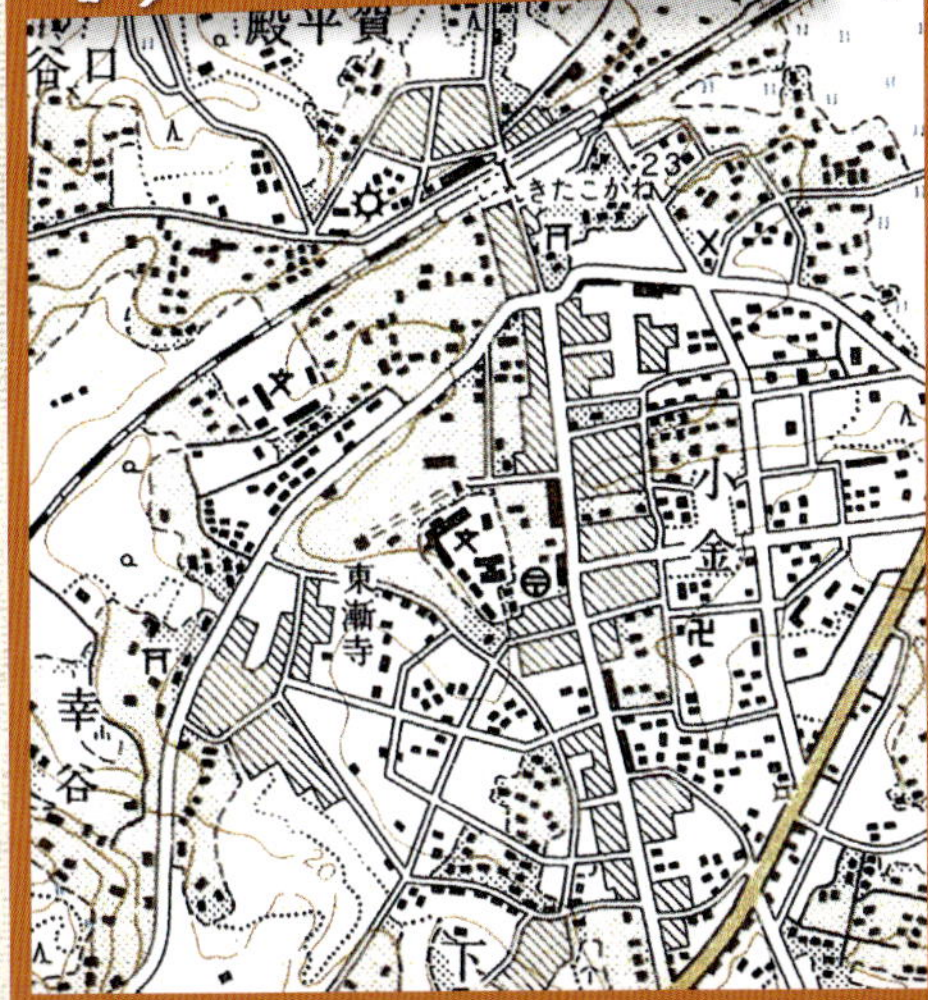

武蔵野線開通、新松戸駅開業以前の地図であり、北小金駅から西に伸びて新流山駅に至る武蔵野線支線（北小金支線）もまだ開通していない。駅の南、東漸寺の東に見える「文」マークは松戸市立小金小学校であり、その東にある「〒」の小金郵便局は現在、少し東に移転している。さらに東の「卍」がある妙典寺の北には、松戸市立図書館分館が開館している。

成田線直通のＳＬ列車（昭和40年）

黒煙を吹き上げて、複線時代の北小金付近を進む上野発成田線直通の通勤列車。牽引機はＣ58297、客車は木製車鋼体化のオハ60、61系。成田線電化までは客車列車で運転された。

北小金付近を走る常磐線の客車列車（昭和51年）

常磐線（上野発着）には昭和57年11月のダイヤ改正まで客車列車が走っていた。そのダイヤ改正直前の時期は上野～平（現・いわき）・浪江・仙台まで一日３往復の列車が存在した。

見所スポット

本土寺

鎌倉時代、源氏一族の平賀氏の屋敷跡に日朝を導師として開山した。「あじさい寺」と呼ばれる有名な紫陽花のほか、花菖蒲の美しさでも知られる。

651系「スーパーひたち」（平成24年）

平成元年に運転を開始。最高速度130ｋｍ/ｈの営業運転を実施した。後継のE657系に任務を譲った後は、高崎線の特急「スワローあかぎ」として第二の人生を送っている。

直流区間

南柏《みなみかしわ》

昭和28年、北小金〜柏間に新駅誕生
駅南約1キロに麗澤大学のキャンパス

撮影：荻原二郎

戦後生まれの南柏駅（昭和41年）

昭和28年10月の開業。昭和30年代から周辺の開発が進み、昭和46年の千代田線との直通運転開始後は急速に都市化が進んだ。現在は橋上駅化され、周辺には商業、住宅のビルが林立している。

南柏駅西口（現在）

開業以来、駅のメイン玄関として使用されてきた南柏駅の西口。北側を走る国道6号に至る駅前通りの両側には、ビルが建ち並んでいる。

南柏駅東口広場（現在）

南柏駅東口の駅前広場前には平成17（2005）年、商業施設「フィールズ南柏」がオープンし、駅舎とペデストリアンデッキで結ばれた。

撮影：荻原二郎

南柏駅（昭和45年）

昭和28年に開設された駅で、当初は2面2線の構成だった。昭和46年4月の複々線化完成、千代田線との相互乗り入れ開始に伴い、1面2線の各停専用駅となった。

常磐線が千葉県の松戸市から柏市に入り、最初の駅が南柏駅である。また、この駅の手前は流山市の南部で、駅のすぐ近くに市境がある。

「柏」の地名はもともと「河岸場（かしば）」であったという説が有力である。明治時代の柏村は寒村で、明治22（1889）年に周辺の村と合併して、千代田村の一部となった。大正15（1926）年に千代田村が町制を施行し、既に駅名となっていた「柏」町の名称が採用された。昭和29（1954）年9月、周辺の町村が合併し、市制が施行される際に一時、「東葛」市が成立したものの、11月には「柏」市に改称している。

南柏駅は昭和28（1953）年10月、国鉄の駅として開業した。新駅が設けられた理由は北小金〜柏間の駅間が長かったためで、現在も北小金とは2・5キロメートル、柏とは2・4キロメートルの距離がある。また、南西約1キロメートル離れた場所に東武アーバンパークライン（東武野田線）の新柏駅が開設されている。

駅の南約1キロメートルの場所にあるのが、道徳や語学に重きを置く麗澤大学である。昭和10（1935）年、「道徳科学専攻塾」として開塾し、戦後の昭和25（1950）年に麗澤短期大学、昭和34（1959）年に麗澤大学を開いた。

所蔵：フォト・パブリッシング

南柏付近を走る103系（昭和60年）

常磐線は線形も良く、この付近は直線区間のため103系でもかなりスピードを出す。上野～取手間が40分足らずで結ばれているのも、この恩恵を受けていることが一因である。

撮影：小川峯生

気動車急行「ときわ」（昭和55年）

常磐線を走るキハ58系の気動車急行は電化が進むにつれて電車化されたが、急行「ときわ」と水郡線に直通する「奥久慈」を併結の列車は昭和60年まで気動車で運転された。

撮影：高橋義雄

南柏付近を走る急行ときわ（昭和57年）

常磐線に一大勢力を築いた急行「ときわ」も度重なる特急格上げにより昭和60年に廃止。電車急行「ときわ」に採用された車両は451系（のちに453・455系）であった。「ときわ」の愛称の列車は平成27年3月に特急として（E657系）復活する。

撮影：高橋義雄

南柏駅東口（昭和57年）

東口からは東武バスが昭和の時代も現在も各方面へ発着している。光ケ丘・酒井根方面に向かうバスの本数が多いが今谷・廣池学園経由と豊住経由の2種類がある。

古地図探訪

昭和33年／南柏駅付近

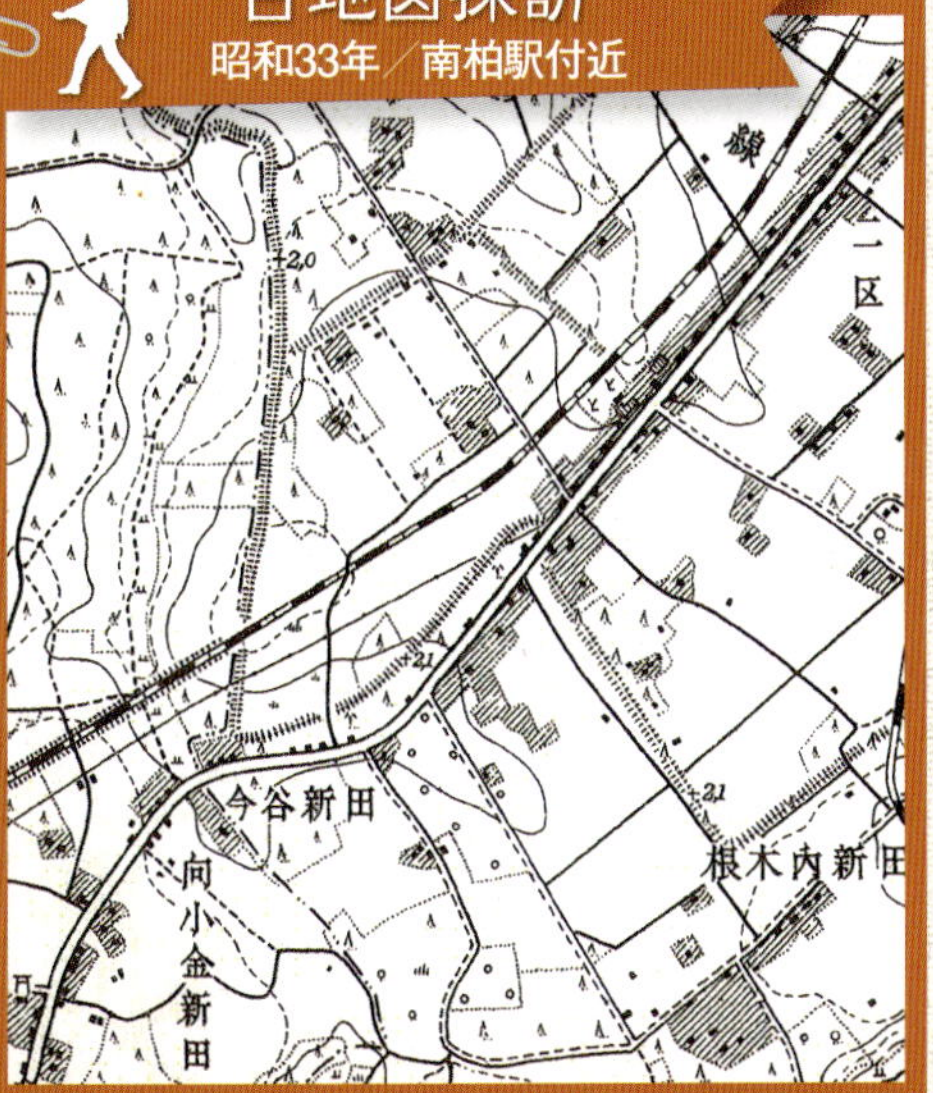

この地図が作られた頃には、国鉄（現・JR）の南柏駅、東武野田線（現・アーバンパークライン）の新柏駅は開業していなかった。また、線路の南側を走るのは旧水戸街道で、現在は千葉県道261号松戸柏線と変わり、線路の北側に4車線の国道6号が開通している。中央の「今戸新田」付近に見える点線が流山町（市）と柏町（市）の市境で、そのすぐ東側に昭和28（1953）年、南柏駅が設置された。

撮影：高橋義雄

千代田線直通電車（昭和56年）

ホームの柏寄りの一枚であるが、右側には建物がなく ビニールハウスも見えて牧歌的な風景である。点字ブロックもまだ設けてない。喫煙はホーム上で可能であった。時代を感じさせる1枚だ。

柏《かしわ》

東武アーバンパークラインとの連絡駅
そごう・高島屋、二つの百貨店で賑わう

戦後生まれの西口（昭和39年）

柏駅は明治29年の開業。明治44年に東武野田線の前身・千葉県営軽便鉄道が駅東側に開通し、以後駅と街が発展した。長らく東口だけだったが、昭和31年に西口が開設された。停車中のバスは旧塗色の東武バス。

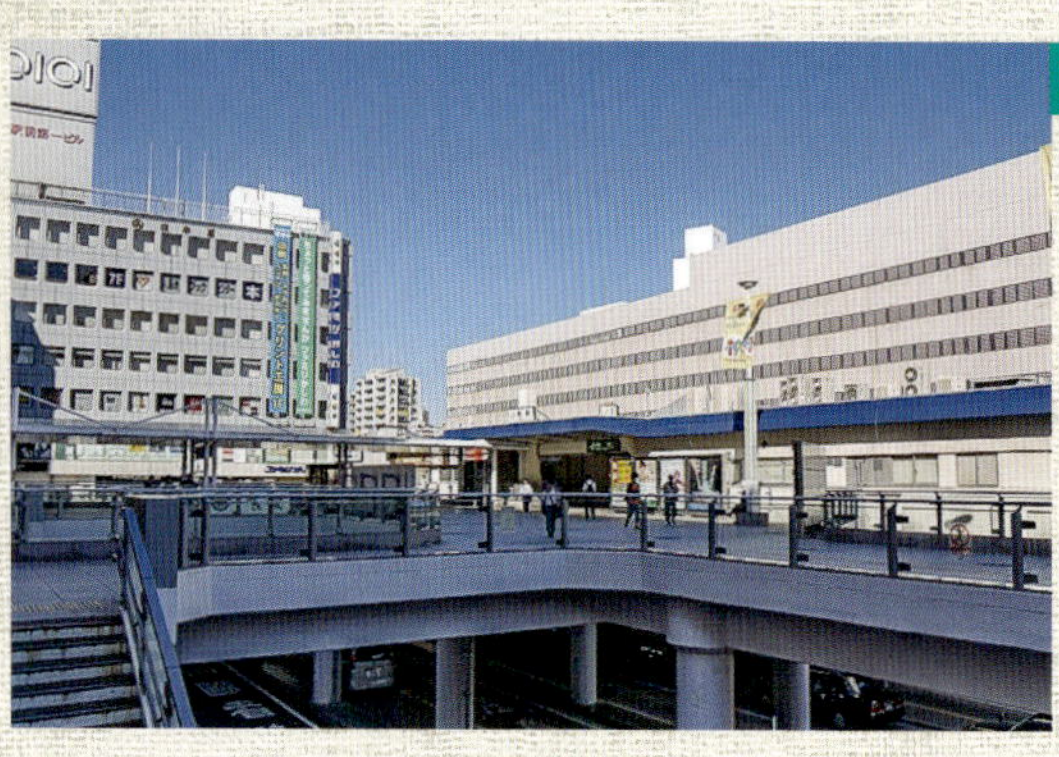

柏駅東口（現在）

駅前の再開発にあわせてリニューアルされた駅舎には、様々な商業施設が入り賑わいを見せている。

柏駅西口（昭和40年）

柏駅の西口は昭和31（1956）年に開設された。昭和46（1971）年に橋上駅舎が完成する前の姿である。

列車時代の面影残す柏駅東口（昭和40年）

松戸〜取手間の電車化は昭和24年と遅く、昭和46年の複々線化までは随所に列車時代の面影を留めていた。柏駅も爆発的なラッシュを迎えていたが、東口駅舎はほとんど手付かずのままだった。

柏駅が生まれたのは明治29（1896）年、日本鉄道の土浦線（現・常磐線）の田端〜土浦間の開通時である。当時、駅周辺は千代田村と呼ばれていたが、合併する前の名称（柏村）の「柏」が駅名に採用された。明治44（1911）年には、千葉県営軽便鉄道野田線の柏〜野田町（現・野田市）間が開通し、連絡駅となっている。この千葉県営軽便鉄道野田線はその後、北総鉄道、総武鉄道を経て、現在は東武鉄道の野田線（東武アーバンパークライン）となっている。

大正12（1923）年には当時の北総鉄道が船橋〜柏間の船橋線（その後、野田線に統一）を開業。その駅が国鉄（現・JR）の東側に誕生したが、昭和5（1930）年に野田線の駅と統合された。

駅の北側の「呼塚」では国道6号（水戸街道）と国道16号（東京環状）が交差している。このことでも、柏が交通の要地であり、近年の発展が目覚ましいことがわかる。柏市の人口は現在、40万人を超え、千葉県で第5位の規模を誇っている。千葉県西北部の中心都市であり、そごう柏店、柏タカシマヤ（高島屋）という二つの百貨店が店を構えている。

また、サッカーJリーグのチーム、柏レイソルの本拠地、日立柏サッカー場があることでも有名である。

国電ホームから見た東武野田線の電車（昭和56年）

各駅停車ホームから撮影した写真である。船橋に向かう東武野田線の姿が見える。この当時、柏駅が現在のように特急列車停車駅に昇格するなどと想像もつかなかった。

40系全盛時の「常磐電車」（昭和27年）

柏駅に停車中の40系電車上野行き。先頭からモハ60＋サハ57＋サハ57＋モハ60の美しい編成で、常磐線らしい姿だった。2両目は張上げ屋根の昭和14年度車。

古地図探訪

昭和33年／柏駅付近

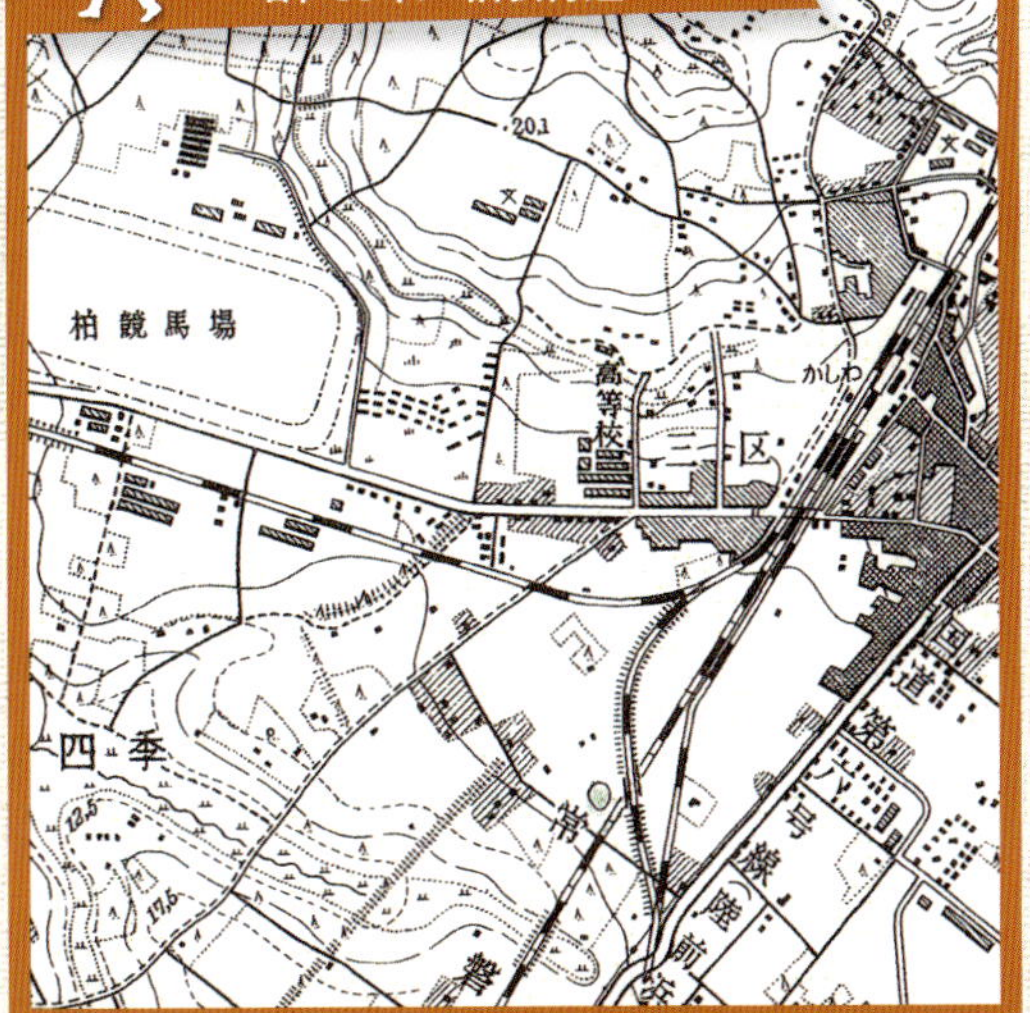

現在の国道6号（水戸街道）、国道16号（東京環状）が開通する前の地図で、その南西には「柏競馬場」が広がっていた。柏競馬場は昭和3（1928）年に開設され、昭和27（1952）年に船橋に移転するまで、競走馬、軍馬の育成のためのレースが行われた。また、野田線には「柏競馬場前」駅が存在した（現在は廃止）。その東の「高等校」は現在の千葉県立東葛飾高校である。駅東にあった柏市役所は、北東に移転している。

C57形牽引の列車（昭和39年）

柏駅中線に停車中のC578号機牽引の列車。上野〜我孫子間で中型機のC57が牽引するのは、普通列車、成田線直通列車、成田山参詣の臨時列車だった。

見所スポット

柏西口第一公園

「機関車公園」「デゴイチ公園」として知られ、蒸気機関車（SL）「D51453」が保存されている。秋には「デゴイチふれあいまつり」が開催される。

快速停車に沸いた柏駅（昭和47年）

昭和46年４月に複々線完成、千代田線相互直通運転開始となった時に、何ゆえか要衝駅の柏は各停だけの停車駅となった。曲折あって翌47年10月２日に快速のホームが増設され、晴れて快速停車が実現した。写真はその時の駅前の祝賀風景。

常磐線の複々線化工事（昭和45年）

撮影の翌年、昭和46年に常磐線は綾瀬～我孫子間の複々線化工事が完成し、上野～取手間に快速電車が新設された。

常磐線で通勤した半世紀前の思い出　山上 勇

昭和37（1962）年、家内の出産を控えた私が、子育ての地として選んだのが柏。東京の恵比寿から柏に転居することになった。私の出生地は、中央区京橋宝町で、終戦直前に母の実家の信州に疎開し、10年後に東京に戻った。

東京で商売をしていた父に、柏に転居する旨を報告したら、「なんでそんな田舎に引っ越すのか」と言われた。明治生まれの父の感覚では、大川（隅田川）を越した地は、全て田舎であったのだろう。そして、「柏なんて芋畑と草競馬場しかない」とまで言う。初体験の常磐線は、客車を牽引する蒸気機関車がC57であったと思う。当時の柏駅の駅舎は木造平屋で、山手線の明るさに慣れた目には、薄暗い照明が「田舎に来た」という印象を強めたものだ。

柏に暮らし始めて驚いたのは、小さな駅前広場にサーカスのテントが張られたことである。懐かしい「ジンタ」のメロディーが流れる街は、疎開先の信州の戦後間もない鄙びた街を彷彿させた。

私の勤務先は渋谷で、あしかけ45年間、常磐線の世話になった。沿線の景観で印象に残っているのは、何といっても、北千住～綾瀬間に見えた「お化け煙突」である。東京電力千住火力発電所の４本の巨大な煙突が、列車の移動に伴い煙突の位置が重なり、２本に見えたり３本に見えたりして楽しませてもらった。

南千住附近では、江戸時代の小塚原刑場跡の回向院墓地を見下ろすことができたが、常磐線敷設の際、墓地の中央を分断した呪いで、下山事件や三河島事故が起きたなど、もっともらしい噂が通勤者の間で囁かれた。

お化け煙突もそうだが、印象に残る景観で既に消え去ったものに、毎日大映オリオンズの本拠地であった東京スタジアムのナイター景観がある。照明塔のモダンな形といい、周囲の下町の中に忽然と光の渦が現れ、巷間「光の球場」とも言われた。惜しむらくは開業（昭和37年）からわずか15年後の昭和47年に閉鎖し、５年後に解体された。　日暮里～柏間の常磐線には、一級河川を渡る４つの鉄橋があり、この鉄橋が景観変化のアクセントになっていた。通い慣れてくると、座席で目を瞑っていても、今通過したのがどの橋なのか理解できるようになった。江戸川の長い鉄橋を渡ると東京都から千葉県に入る。北千住までは隙間のない住居が続いていたが、江戸川以北に入ると田畑や森、林が多くなり、自然が色濃く残っていた。

当時の常磐線を語るには、通称「赤電」と称した中距離快速電車の存在を忘れてはいけない。国鉄の電車としては珍しいローズピンクの「赤電」は、開通時は柏駅には停車せず、通勤者は隣先の停車駅である我孫子まで乗り越ししてでも乗りたい快速電車であった。

いまでは小田急線に直通するおしゃれな電車が走り、地元の人たちは地下鉄直通運転の電車のことを「常磐線」でなく「千代田線」と呼ぶ。沿線は飛躍的な発展を遂げたが、かつての「常磐線らしさ」が薄らいでいくことに一抹の寂しさも覚える今日この頃でもある。

（編集者）

東武野田線

所蔵：フォト・パブリッシング

柏駅を出発した大宮行き（昭和28年）

写真の奥に見える小さなホームが柏駅。大宮行きも船橋行きも、同じホームから発着していた。

撮影：伊藤威信

柏駅付近のクハ3400形電車（昭和46年）

クハ3400形をはじめとする3000系電車は、戦前の車両を全面更新したもの。冷房化できなかったため、昭和62年から順次廃車された。

野田線を走るステンレス車の10030型（現在）

長きに渡り8000系の独壇場であった野田線も、アーバンパークラインの愛称採用をきっかけとして新造の60000系や、写真の10030型が勢力を伸ばしつつある。

撮影：荻原二郎

逆井駅（昭和42年）

昭和８年の開業時は無人の停留所で昭和21年に廃止の方針が提示されたものの地元住民の請願により常設駅となった。

撮影：荻原二郎

江戸川台駅（昭和42年）

昭和33年に開業した流山市に所在する駅であり、駅名は住宅開発が盛んになった昭和30年代に江戸川に近い平地を「台」と称して名付けられた地名に由来する。

提供：朝日新聞社

柏駅付近の空撮（昭和51年）

国道６号、常磐線、千葉県道261号（左から）が並んで走る柏駅付近。南西には東武アーバンパークライン（東武野田線）の線路が見える。柏駅の西側には高島屋（柏タカシマヤ）、北東にはそごう柏店の百貨店が建っている。

直流区間

北柏《きたかしわ》

昭和45年、貨物駅としてスタート 手賀沼の畔に、武者小路実篤旧邸

撮影：荻原二郎

貨物駅から旅客駅に（昭和46年）

常磐線複々線化に伴い、昭和45年4月に貨物駅として開業、翌46年4月に複々線化と同時に旅客営業を開始した。1面2線の各停専用駅で橋上駅舎。貨物営業は昭和59年2月に廃止された。

北柏駅北口（現在）

橋上駅舎である北柏駅の北口は、約100メートル続く歩道橋を渡った先の国道6号の南北2カ所に設けられている。

北柏駅南口（現在）

東急柏ビレジ、北柏ライフタウンなどに向かう東武バスの乗り場がある北柏駅南口の駅前広場。広場の西側には北柏駅前郵便局がある。

千葉県内柏市内を走ってきた常磐線で、柏市内最後となるのが北柏駅。このあたりでは、常磐線は大きく東にカーブしている。北柏駅を過ぎれば、やや南に向きを変えて進み、東側にある我孫子市との市境を越えていく。

北柏駅は昭和45（1970）年4月、まず貨物駅として開業した。これは柏、我孫子の両駅で扱っていた貨物扱いを集約するためで、地元では同時に旅客駅を併設するようにとを嘆願していた。その結果、1年遅れの形で昭和46（1971）年4月から、北柏駅における旅客営業が開始された。なお、貨物駅は昭和59（1984）年に廃止され、跡地はマンションや駐車場などに変わった。

この駅の東側には、かつて作家の武者小路実篤が住んでいたことで知られる。実篤は大正5（1916）年から7（1918）年にかけて、この地に住み、志賀直哉らと交流し、「新しき村」の発会式がこの邸で開かれている。住所は我孫子市船戸2丁目であるが、南に手賀沼が臨める、かつては風光明媚な場所だった。また、付近には根戸城跡も残されている。北柏駅から、根戸城跡や北柏ふるさと公園などをめぐり、武者小路実篤邸跡を訪ねた後、船戸の森から、我孫子駅に至る散策コースも設けられている。

所蔵：生田 誠

布施弁天（大正時代）

「蘭沼（いぬま）（和田沼）」の畔に建っていた布施弁天は紅竜山東海寺が正式な名称の寺院で桜の名所として知られる。手前に広がる沼は洪水のときに水を溜める調整池になり、耕作地に変わった。

古地図探訪

昭和33年／北柏駅付近

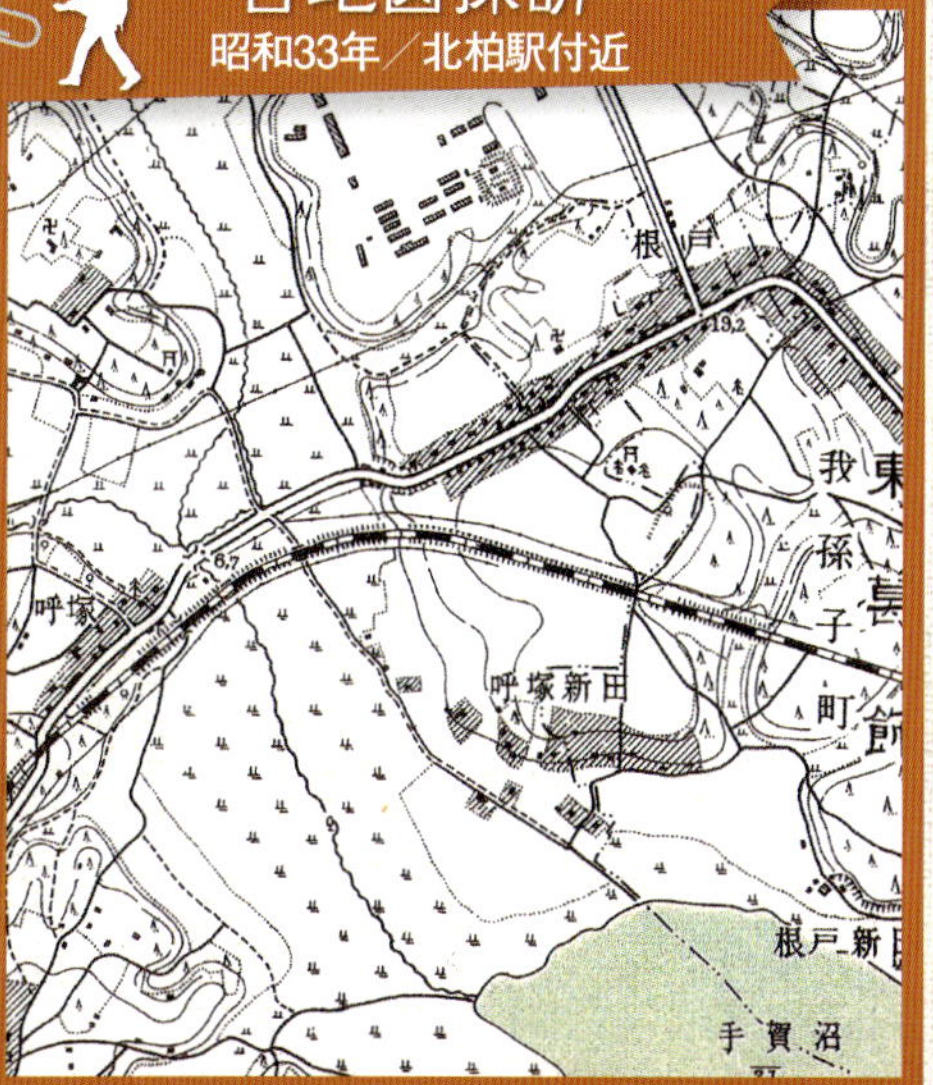

現在、北柏駅が置かれているあたりは「呼塚」という地名で、その東はすぐに我孫子町となって、「根戸」や「呼塚新田」「根戸新田」などが手賀沼の北に広がっていた。地図中央付近を走る国道6号（水戸街道）の北側にある「卍」マークは妙運寺、南側にある「鳥居」マークは北星神社である。この北星神社は、相馬家の守護神ともいわれ、「狛亀」があることでも知られる。

柏～我孫子間の401系（昭和45年）

初期タイプの401系電車が快走する。この車両は、昭和36年に勝田まで電化された際に登場した車両だか、通勤時間帯には東京駅まで顔を見せたこともある。

撮影：林 嶢

撮影：林 嶢

旧型国電のすれ違い（昭和37年）

103系が登場する前の常磐線電車は、72系（左）と40系（右）が主役を務めていた。

見所スポット

布施弁天（東海寺）

柏市布施にある真言宗豊山派の寺院、紅竜山東海寺は本尊が弁財天で「布施弁天」とも呼ばれている。寛永寺弁天堂、江島神社と並ぶ「関東三弁天」のひとつである。

あけぼの山農業公園

春に「さくらまつり」が開催される「あけぼの山公園」の隣にある。風車がシンボルで、果樹園、農業体験のほか、アスレチックやバーベキューが楽しめる。

直流区間

我孫子《あびこ》

常磐線、成田線が連絡する東葛の主要駅 志賀直哉、柳宗悦ら文人、芸術家が住む

撮影：荻原二郎

我孫子駅（昭和46年）

綾瀬から進んできた複々線化が我孫子駅まで達したのが昭和46年４月、同時に橋上駅化された。現在は４面７線、中距離電車、快速、各停の停車駅で、成田線（我孫子支線）の分岐駅である。

我孫子駅南口（現在）

昭和46（1971）年に新しい橋上駅舎となった我孫子駅の南口には平成12（2000）年、エレベーター、エスカレーターが設置された。

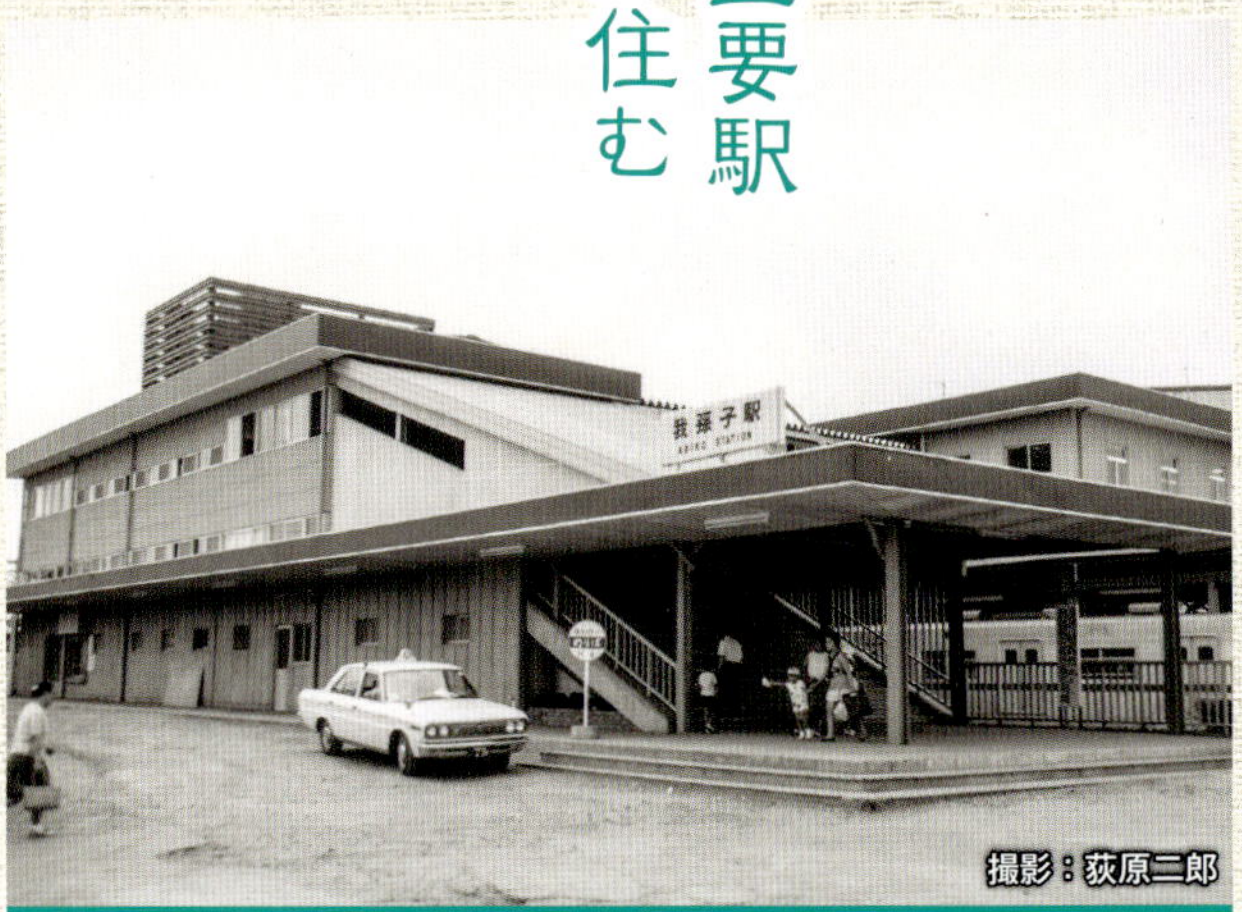

撮影：荻原二郎

改築後の我孫子駅（昭和46年）

当駅までが複々線になり、駅は橋上駅化された。我孫子～取手間の複々線化は昭和57年11月となり、そのとき８番線ホームが使用開始された。

この駅から、常磐線は千葉県の最後となる我孫子市に入る。明治時代からあった我孫子町が昭和45（１９７０）年、市制を施行して、千葉県で22番目の我孫子市となっている。

「我孫子」という地名は、鎌倉時代の正和２（１３１３）年、九州の三池文書の中に「しもうさのくにあひこのむら」という記述が見えるという。地名の由来には諸説があり、古事記に出てくる「阿毘古」という大和朝廷の官職から来たという説、「網曳（あびき）」と呼ばれる人々がいたからという説、「アバ（くずれた）」「コ（処）」という地形から来たという説、また、外国語由来説もある。

我孫子駅は明治29（１８９６）年、日本鉄道の土浦線（現・常磐線）の駅として開業し、５年後の明治34（１９０１）年には成田鉄道（現・ＪＲ成田線）の成田～我孫子間が開業したことで連絡駅となった。日本鉄道は明治39（１９０６）年、成田鉄道は大正９（１９２０）年にそれぞれ、国有化されている。

北柏駅で紹介した武者小路実篤のほか、我孫子市内には作家、芸術家が住居を構えたことで知られる。『銀の匙』の作家、中勘助や志賀直哉、随筆家の杉村楚人冠のほか、白樺派の柳宗悦や陶芸家のバーナード・リーチらが住んでいた。

撮影：荻原二郎

103系1000番代の快速（平成3年）

我孫子駅5番線に入線する千代田線乗入れ仕様の103系1000番代は、後継の203系登場によりお役御免となり、大半が105系に改造のうえ関西・広島地区へ転出、残存車は塗色変更して上野〜取手間の快速用になった。

我孫子駅南口広場（現在）

我孫子駅には北口、南口ともに駅前広場が設けられ、ロータリーがある。南口付近には、イトーヨーカドー我孫子店がある。

古地図探訪
昭和30年／我孫子駅付近

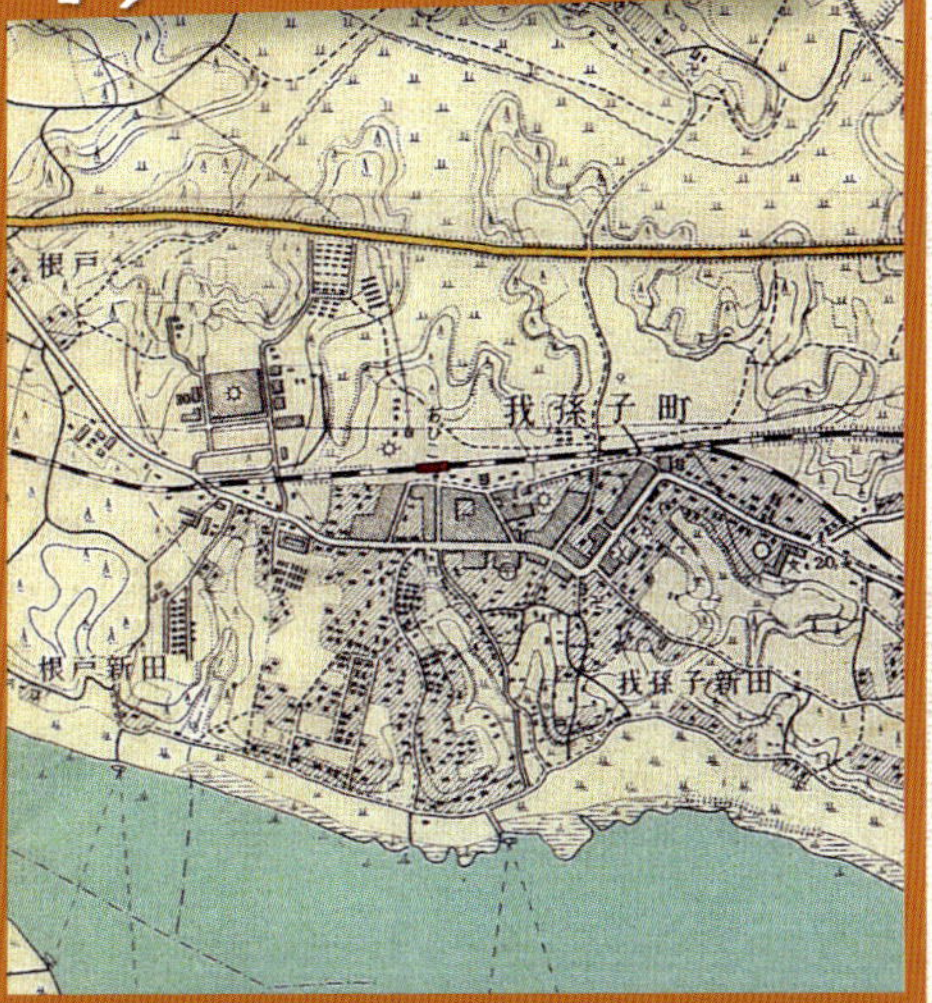

国道6号（水戸街道）と常磐線が東西に通り、その南には鍵状に曲がった銚子市に至る国道356号が伸びている。この当時の我孫子の市街地（宅地）は、常磐線の南側、手賀沼付近まで広がるが、かなり農地も残されていた。我孫子駅の南に見える「〒」マークは我孫子緑郵便局である。その北には現在、イトーヨーカ堂我孫子南口店ができている。また、駅南西には我孫子市立の我孫子第四小学校、白山中学校が開校している。

我孫子駅北口（現在）

常磐線複々線化に伴い、開設された北口。メインの南口には遅れたが、平成16（2004）年にエレベーター、エスカレーターが設置されている。

我孫子付近を走る行楽列車（昭和58年）

交直流用の電気機関車EF80が牽引する12系客車の「つくば」号。戦前からの歴史がある筑波鉄道直通の筑波行き列車である。

撮影：白土貞夫

見所スポット

手賀沼

利根川水系の湖沼で、魚介類の豊富なことで知られていた。近年は干拓により、南北に分離した形になり、約8割の水域が消えている。

手賀沼公園

我孫子駅から徒歩10分ほどにある公園。手賀沼の畔にあり、ふれあい岸辺、木製遊具がある子ども広場などが整備されている。

志賀直哉邸の跡

大正4（1915）年から約10年間、作家の志賀直哉が住んでいた旧宅跡。当時の建物は残っていないが、付近には茶室風書斎が移築されている。

我孫子支区のC12形（昭和36年）

我孫子駅に隣接して田端機関区我孫子支区があった。写真は同区で昭和36年６月に廃車となったC1245号機。C12形は支線区用、入換え用に昭和8 〜 22年に293両が製造されたタンク機関車。

我孫子駅の通過列車（昭和32年）

C6011号機が旅客列車を牽引して通過するところ。常磐線の長距離列車はC60、C61、C62形が牽引していた。我孫子駅周辺ものどかだった。

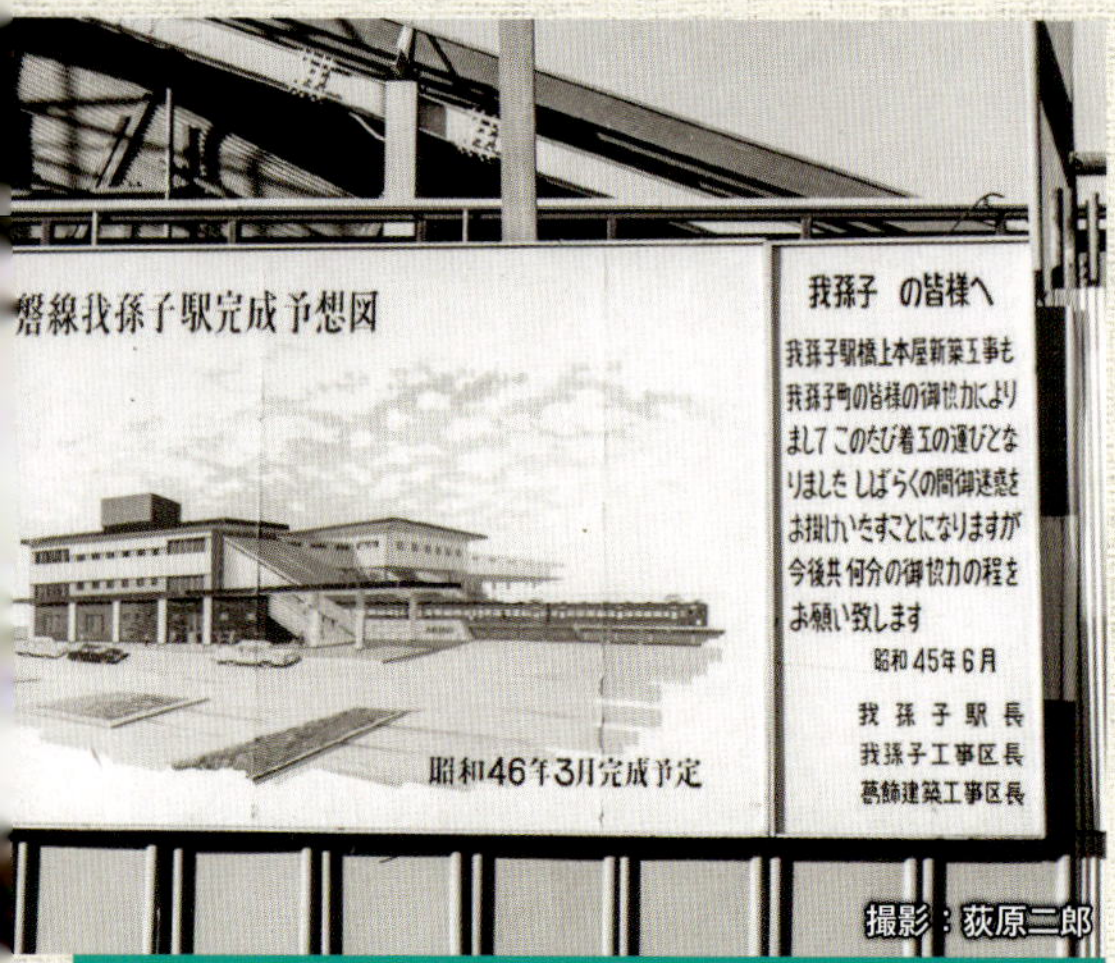

我孫子駅の改築（昭和46年）

我孫子駅に掲出された、複々線化とホーム増設による駅の大改造を知らせるＰＲ板。

451系準急「ひたち」（昭和38年）

交直両用の急行用電車451系は常磐線の準急に重用され、次第に両数を増やしていった。電化後の東北本線と共に急行電車を多数担当して一時代を築いた。

特急王国の常磐線

随筆家の故・岡部伊都子さんに「観光バスの行かない」という名著がある。観光バスが多数の行楽客を運んでこない京都、奈良の古刹を訪ねた心安まる紀行エッセーだった。

同様に「新幹線の行かない」という視点で在来線や私鉄線を眺めることも出来そうだ。東京周辺を見回してみると、いわゆる５方面のうち、東海道本線、東北本線・高崎線は新幹線と並行していて利便性も高い。しかし新幹線の補助的な存在になっており、並行路線だけに特急の本数は少ない。そこへいくと新幹線と並行しない中央本線、総武本線、常磐線は特急の本数が多いだけでなく、快速電車の運転本数も格段に多い。

中でも常磐線は東京と土浦・水戸・いわきを結ぶ上野発の特急「スーパーひたち」が15本、「フレッシュひたち」が22本、計１日37本という特急銀座になっている。同じ新幹線とは無縁の中央本線は「スーパーあずさ」が８本、「あずさ」が９本、「かいじ」が13本（うち不定期１）、計30本で、同じ特急王国ではあるが常磐線より７本少ない。

利用客が少ないのに列車本数が多い「特急インフレ」という路線もかつては多かったが、現在は需要に見合った本数に絞られている。そうすると本数の多い常磐線は特急の利用客が多い路線ということになろう。多くは通勤客、ビジネス客だが、買い物客、行楽客も少なくはない。将来を展望しても常磐線沿いに新幹線が通る見通しはない。「新幹線の行かない」亞幹線として、いつまでも特急王国、特急銀座であってほしいものだ。（三好好三）

提供：朝日新聞社

我孫子駅付近の空撮（昭和51年）

常磐線は昭和46（1971）年に綾瀬～我孫子間、昭和57（1982）年に我孫子～取手間と、次々に複々線化の区間が北に延びていった。それに伴い、我孫子市内も宅地化が進み、首都圏のベッドタウンと変化していく。我孫子駅北側で成田線が東に向かって分岐している。

我孫子

成田線《なりたせん》（我孫子～成田）

撮影：山田虎雄

我孫子駅の成田線ホーム（昭和45年）

我孫子～成田間の通称・我孫子支線の線内列車は気動車のキハ17などが仕業していた。この頃に、当駅での貨物取扱いを廃止し、北柏貨物駅に移管している。

撮影：山田虎雄

我孫子駅（昭和48年）

昭和48年9月我孫子～成田間が電化された。我孫子市役所、我孫子商工会の祝賀の幕が駅舎に掲げてある。駅前には喫茶店・不動産店・書店などの店舗が並ぶ。

撮影：山田虎雄

我孫子駅の成田線電車（昭和48年）

成田線の我孫子～成田間は昭和48年9月に電化され、上野からの直通電車の運転を開始したが、線内電車には各線から寄せ集めの73系が投入された。最後部は関西から出戻りの73形。

撮影：高野浩一

我孫子駅4番線の113系（昭和57年）

この時期は我孫子支線でも総武・房総各線と共通の幕張区所属113系が運用されていた。我孫子駅には3番線ホームがなく成田方面の臨時列車発着などで使用される。

東我孫子

東我孫子駅付近のE231系（現在）

成田線（我孫子支線）は常磐快速線と一体化しており、同じ成田線の佐倉～成田・成田空港～松岸の区間とは実態は別の路線である。このE231系は０番代であり、10両＋５両に分割できる構造。当初の帯色はエメラルドグリーン一色であった。

布佐《ふさ》

撮影：小川峯生

布佐～木下を走る103系（昭和55年）

この辺りは通勤区間でありながら線路は単線で、下総台地の田畑の中を進んで行く。毎年正月の期間には各地から成田山初詣の臨時列車が百科繚乱に走る姿も見られる。

木下

木下駅に停車中の気動車（昭和46年）

写真の我孫子行きはキハ35・キハ18・キハ11等の混結列車であり、寄せ集め感は否めなかった。

撮影：荻原二郎

所蔵：フォト・パブリッシング

木下駅に進入して来た103系（昭和53年）

電化後上野～成田を直通する電車に103系が投入された。同区間を走る京成電鉄には所要時間、運賃ともに大きく水をあけられている。

所蔵：フォト・パブリッシング

木下駅（昭和53年）

橋上駅舎化前の昭和の懐かしい風景。当時は印西町であったが現在は市に昇格した。木下駅のすぐ北側の利根川の対岸は茨城県利根町である。

安食《あじき》

撮影：小川峯生

安食付近を走る103系混色電車（昭和55年）

103系電車は各地で転出・転入の動きがあり、常磐・成田線にもこれまで例のなかったオレンジやカナリア色の103系が組み込まれた。写真のオレンジ色の車両は中央線や片町線・大阪環状線から転入した車両。

成田

撮影：林 嶢

成田行きの普通列車（昭和48年）

我孫子支線の線内列車は気動車だったが、通勤列車と上野直通列車は客車列車だった。

撮影：白土貞夫

成田駅に停車している気動車（昭和47年）

成田駅6番線で発車を待つ気動車。現在もこのホームから我孫子支線が発着しているが、列車はE231系電車のみである。

撮影：白土貞夫

成田駅（昭和39年）

昭和10年に建て替えられた二代目の駅舎は、成田山に因んだ寺院風スタイルが特徴。現在の駅舎は昭和54年に完成した3代目駅舎である。

電化開通時の成田駅（昭和48年）

懐かしい成田駅売店の風景。当時は駅構内でビンの牛乳や菓子パンを購入するのが日常の風景であった。

30. 6. 1 訂補　我孫子——成田（成田線）

粁程	駅名	831	811	833	835	813	837	815	839	817	841	819	843	845	821	847	823	849	851
0.0	上野発	気	…	気	気	852	気	1035	気	…	気	…	気	気	1750	気	…	気	気
32.7	我孫子発	551	658	808	908	940	1030	1124	1242	1320	1447	1552	1655	1736	1838	1925	2012	2036	2130
35.6	東我孫子〃	556	レ	813	913	レ	1035	レ	1247	レ	1452	レ	1700	1741	レ	1930	レ	2041	2135
39.0	湖北〃	606	710	818	918	949	1040	1133	1255	1330	1457	1600	1705	1746	1848	1935	2023	2046	2140
44.8	布佐〃	613	717	825	925	958	1047	1142	1302	1338	1508	1607	1713	1753	1857	1942	2030	━	2147
46.7	木下〃	616	722	829	929	1003	1051	1147	1305	1342	1511	1611	1717	1756	1903	1946	2034	…	2151
51.0	小林〃	622	728	836	934	1011	1056	1155	1311	1348	1517	1618	1722	1802	1911	1951	2041	…	2156
55.9	安食〃	633	735	842	940	1019	1105	1203	1317	1355	1523	1625	1731	1808	1919	1959	2048	…	2202
60.5	下総松崎〃	639	742	848	947	1027	1111	1211	1323	1402	1529	1631	1737	1814	1927	2005	2054	…	2208
65.6	弁成田着	646	750	855	954	1037	1118	1221	1330	1410	1536	1639	1744	1821	1937	2012	2103	…	2216

千葉着 835┘　┌千葉発 952

粁程	駅名	810	812	814	830	832	834	816	836	818	838	820	840	842	822	844	846	848	850
0.0	弁成田発	510	535	615	708	817	928	1050	1150	1248	1353	1431	1545	1640	1716	1828	1945	…	2032
5.1	下総松崎〃	519	543	623	714	823	934	1057	1156	1255	1402	1439	1551	1646	1723	1834	1951	…	2039
9.7	安食〃	527	550	631	720	829	941	1104	1204	1302	1408	1446	1557	1652	1730	1840	1958	…	2048
14.6	小林〃	537	559	641	730	835	947	1111	1210	1311	1414	1454	1603	1658	1737	1846	2004	…	2055
18.9	木下〃	546	607	650	736	841	953	1118	1216	1318	1420	1502	1612	1706	1745	1852	2010	…	2102
20.8	布佐〃	553	614	657	740	844	959	1122	1219	1322	1423	1507	1615	1712	1754	1858	2013	…	2106
26.6	湖北〃	605	625	709	749	852	1006	1133	1227	1331	1431	1517	1623	1720	1802	1906	2022	2048	2114
30.0	東我孫子〃	レ	レ	レ	753	856	1011	レ	1231	レ	1435	レ	1627	1724	レ	1910	2026	2053	2119
32.9	我孫子着	615	635	718	759	902	1017	1142	1237	1340	1441	1527	1633	1730	1811	1916	2032	2058	2124
65.6	上野着	705	気	806	気	気	気	…	気	…	気	1615	気	気	…	気	気	気	…

昭和30年当時の成田線時刻表

この当時、東我孫子を通過する列車もあった。1日1往復だけ、千葉まで直通する列車も運行されていた。

昭和の常磐線あれこれ

平機関区のC62（昭和42年）

休息中の特急「ゆうづる」牽引の蒸気機関車機関車C62。

特記以外の写真は、フォト・パブリッシング所蔵

撮影：高橋義雄

232列車（昭和57年）

日立木～相馬間の客車列車。当時の日常的な光景だった。

原ノ町駅に停車している急行「十和田」（昭和39年）

常磐線の旅客列車は特急・急行から普通に至るまでC60・61・62などの大型機が牽引していた。

東京駅乗り入れの401系（昭和44年）

通勤時間帯のみ東京駅に姿を見せた。昭和42年10月からは、常磐線の特急・急行列車の一部も東京駅発着となった。

平機関区の機関車庫（昭和42年）

平機関区に並ぶ常磐線の雄。左からC62、C57、C62。

特急「ひたち」（昭和60年）

赤スカートのまま活躍するクハ481の特急「ひたち」。

勝田電車区まつり（昭和59年）

右から485系、401系、415系1500番代が並んでいる。いずれも一時代を画した常磐線の顔だ。

直流区間

天王台《てんのうだい》

昭和46年に誕生、東我孫子駅も近い
駅所在地は柴崎台、城跡地や神社も

天王台駅（昭和46年）

昭和46年４月20日の開業当時の天王台駅。昭和55年以降ホームを増設し、57年11月の我孫子～取手間複々線完成後は快速と朝夕のみ各停の停車駅となっている。

天王台駅南口（現在）

南口からは中央学院高校や成田線の湖北駅へ向かうバスが多本数運行されている。

天王台駅ホーム（昭和50年）

昭和46年４月20日の開業。当初は１面２線の橋上駅で、快速電車だけの停車駅だった。駅周辺は整地の真っ最中。

天王台駅は昭和46（1971）年4月に開業した新しい駅である。お隣の取手駅までは現在でも3・4キロメートル離れており、地元では待ち望まれていた新駅だった。また、我孫子駅とも2・7キロメートル離れている。

開業前には、「新我孫子駅」という名称が候補に上っていたが、成田線の東我孫子駅が南西約500メートルの地点にあるので、混同を避けるために「天王台」という駅名が採用された。ちなみに東我孫子駅も昭和25（1950）年に誕生した比較的新しい駅である。

「天王台」という駅名は、「天王」と「台」を組み合わせたものである。現代の地名は我孫子市柴崎台1丁目だが、当時は我孫子市大字柴崎字天王で、この小字名「天王」と台地である「台」の合体で、駅名が誕生した。この天王台は駅南側の地名にもなっている。

このあたりは柴崎台地と呼ばれ、室町時代には、荒木氏が城主だった柴崎城があった場所である。その跡地は現在、台地が削られて、我孫子第三小学校などが建つ。また、小学校と駅の間には、ヤマトタケルが武運長久を祈った場所で、天慶元（938）年に創建され、平将門の祈願所となった柴崎神社が鎮座し、隣り合わせて、真言宗豊山派の円福寺が建つ。

郵　便　は　が　き

料金受取人払

麹町局承認

9227

差出有効期間
平成27年2月
28日まで
(切手不要)

102 - 879C

108

(受取人)
東京都千代田区富士見 2-2-
東京三和ビ

彩流社 行

●ご購入、誠に有難うございました。今後の出版の参考とさせていただきますので、裏
アンケートと合わせご記入のうえ、ご投函ください。なおご記入いただいた個人情報は、
出版案内の送付以外に許可なく使用することはいたしません。

◎お名前《フリガナ》　　性別　男 女　　生年　年

◎ご住所　都 道 府 県　　市 区 町 村

〒　　TEL　　FAX

◎ E-mail

◎ご職業　1. 学生（小・中・高・大・専）2. 教職員（小・中・高・大・専）
3. マスコミ 4. 会社員（営業・技術・事務）5. 会社経営 6. 公務員
7. 研究職・自由業 8. 自営業 9. 農林漁業 10. 主婦
11. その他（　　　　　　　　　　　　　　　）

◎ご購読の新聞・雑誌等

◎ご購入書店　　書店　都 道 府 県　　市 区 町 村

愛　読　者　カ　ー　ド

お求めの本のタイトル

お求めの動機　1. 新聞・雑誌などの広告を見て（掲載紙誌名→　　　　　　　　）
書評を読んで（掲載紙誌名→　　　　　　　　）3. 書店で実物を見て　4. 人に薦められて
ダイレクト・メール を読んで　6. ホームページなどを見て（サイト名ほか情報源→
　　　　　　　　）7. その他（　　　　　　　　　　　　　　　　）

本書についてのご感想　内容・造本ほか、弊社書籍へのご意見・ご要望など、ご自由
書きください。（弊社ホームページからはご意見・ご要望のほか、検索・ご注文も可能で
のでぜひご覧ください→　http://www.sairyusha.co.jp.）

ご記入いただいたご感想は「読者の意見」として、匿名で紹介することがあります

書籍をご注文の際はお近くの書店よりご注文ください。
近くに便利な書店がない場合は、直接弊社ウェブサイト・連絡先からご注文頂い
結構です。
接にご注文を頂いた場合には、郵便振替用紙を同封いたしますので商品到着後、
便局にて代金を一週間以内にお支払いください。その際 400 円の送料を申し受け
おります。
0円以上お買い上げ頂いた場合は、弊社にて送料負担いたします。
た、代金引換を希望される方には送料とは別に手数料300円を申し受けております。
RL：www.sairyusha.co.jp
話番号：03-3234-5931　ＦＡＸ番号：03-3234-5932
ールアドレス：sairyusha@sairyusha.co.jp

撮影：山田亮

天王台付近の103系（昭和59年）

我孫子～取手間の複々線が昭和57年に完成したが、現在に至るまで、各停は朝夕ラシュッ時のみの運転である。

撮影：小川峯生

天王台付近の485系特急「ひたち」（昭和49年）

特急「ひたち」は昭和47年～平成10年の間、交直両用の483・485系が使用された。昭和60年以降は先頭車を九州から転入したボンネット型が活躍するようになった。

最新型の特急E657系（現在）

平成24年3月登場の常磐線の看板列車。平成27年3月の上野東京ライン開業後、ついに東京・品川まで乗り入れを開始。同時に速達タイプが「ひたち」、停車タイプが「ときわ」となる。

天王台駅北口（現在）

南口に比べて、物静かな雰囲気が漂う天王台駅の北口。この北口からはNEC日本電気や川村学園女子大学へ向かうバスが発着する。

古地図探訪

昭和30年／天王台駅付近

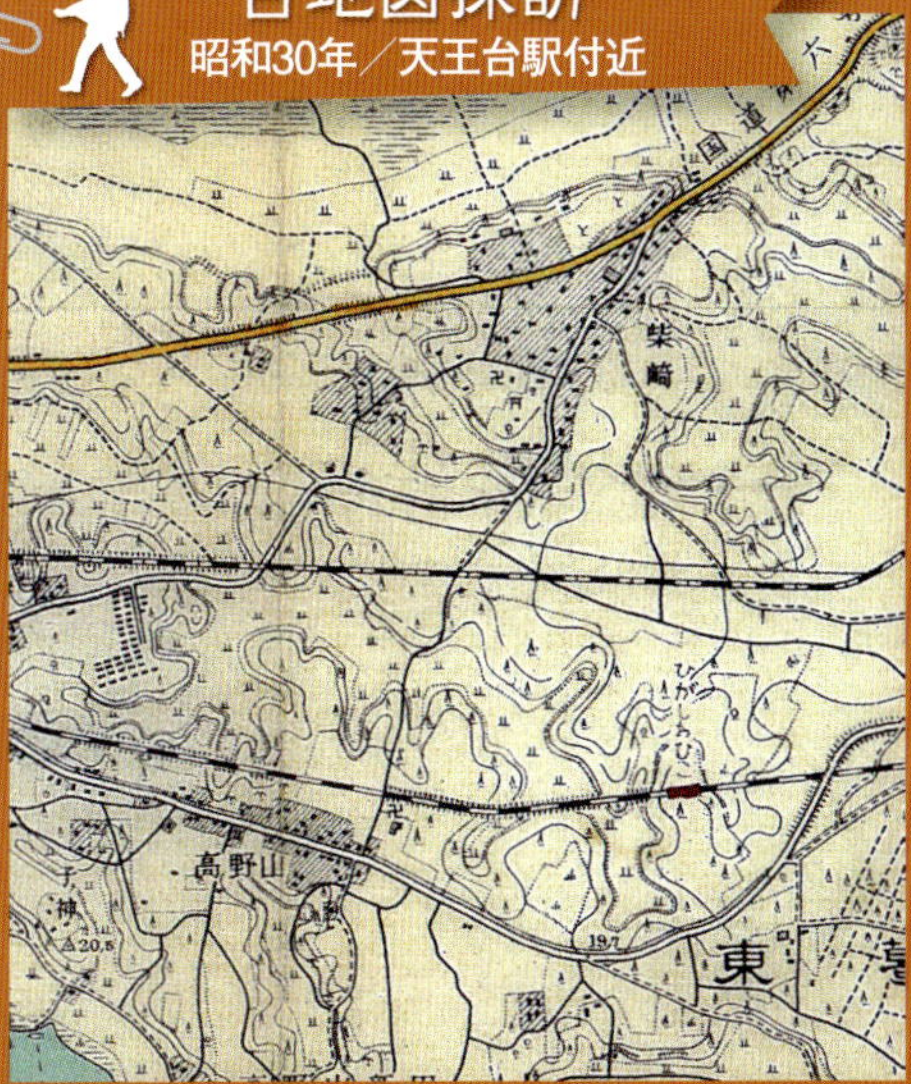

この時期の天王台駅周辺には、広く農地が広がっていた。地図上の常磐線にはまだ、天王台駅は誕生していないが、成田線の東我孫子駅の北西であると推測できる。成田線の南、「高野山」北東にある「卍」マークは最勝院で、付近には昭和50（1975）年、高野山小学校が誕生している。南西にはわずかながら、手賀沼の存在を確認できる。

見所スポット

千葉県手賀沼親水広場

山階鳥類研究所、鳥の博物館と隣接して、高さ25メートルの展望室、プラネタリウムなどがある「水の館」が建つ。屋外にはミニ手賀沼、じゃぶじゃぶ池も。

手賀大橋

柏市箕輪新田と我孫子市若松を結ぶ橋。かつては手賀沼の連絡船があったが、昭和39（1964）年に旧手賀大橋が完成、平成9（1997）年に新手賀大橋が架橋された。

直流区間

取手《とりで》

日本鉄道の駅として明治29年に開業
取手市は人口10万超、都内への通勤圏に

撮影：荻原二郎

取手駅（昭和42年）

取手駅は千葉県から茨城県に入って最初の駅であり、複々線区間と直流区間の快速・各停は当駅まで。次の藤代駅との間で交流電化区間に切り替えとなる。写真は複線時代の駅舎。

取手駅東口（現在）

取手宿の歴史を受け継ぐ旧市街側にある取手駅東口。この東口からは関東鉄道、大利根交通自動車の路線バスが発着している。

取手駅西口（現在）

取手競輪場はこの西口から水戸街道を越えた先にある。

撮影：山田虎雄

取手駅東口（昭和57年）

大改良後の取手駅東口。東口と西口との構内連絡はやや複雑である。東口が主体だったが、現在は西口に駅ビルがあって賑わいを見せている。

撮影：荻原二郎

取手駅（昭和42年）

この当時は閑散とした趣であった。取手から土浦方面の普通列車は一時間に一本程度の運転本数であった。

常磐線は利根川を渡ると3つ目の都県となる茨城県に入り、まもなく取手駅に到着する。特別快速を利用すれば、上野からは30分あまり。常磐線のスピードアップが取手を首都圏のベッドタウンにし、人口も10万人を超えた。現在は、さらに北の駅を利用して都内各地まで通う通勤客も増えている。

取手駅は明治29（1896）年に開業した、常磐線のこの区間最古参の駅である。大正2（1913）年には常総鉄道（現・関東鉄道）常総線の取手～下館間が開通し、連絡駅となっている。

常磐線はこの駅を境に電化方式が異なるため、直流電車を使用する快速電車、各駅停車はこの駅が運転系統の終点としている。これはお隣の藤代駅以北を交流電化として、沿線北側の石岡市に置かれている、気象庁地磁気観測所の観測への影響を防ぐためである。

「取手」という地名、駅名は「砦（とりで）」に由来するといわれている。平将門の時代から存在するとも、戦国時代に大鹿氏の城があったとされるが、定かではない。現在の取手市が誕生する前には取手村、取手町が存在し、昭和45（1970）年に市制が施行された。平成17（2005）年には、藤代駅のある藤代町を編入している。

撮影：小川峯生

取手～藤代の「北斗星」（平成10年）

東北地方の大雨の影響により、寝台特急「北斗星」が常磐線経由で運転された珍しいスナップである。

所蔵：生田 誠

利根川橋梁と帆船（大正時代）

利根川に架かる常磐線の利根川橋梁と川を行き来していた帆船。常磐線の橋梁は大正6（1917）年に複線化のために二代目橋梁が架橋された。

古地図探訪

昭和30年／取手駅付近

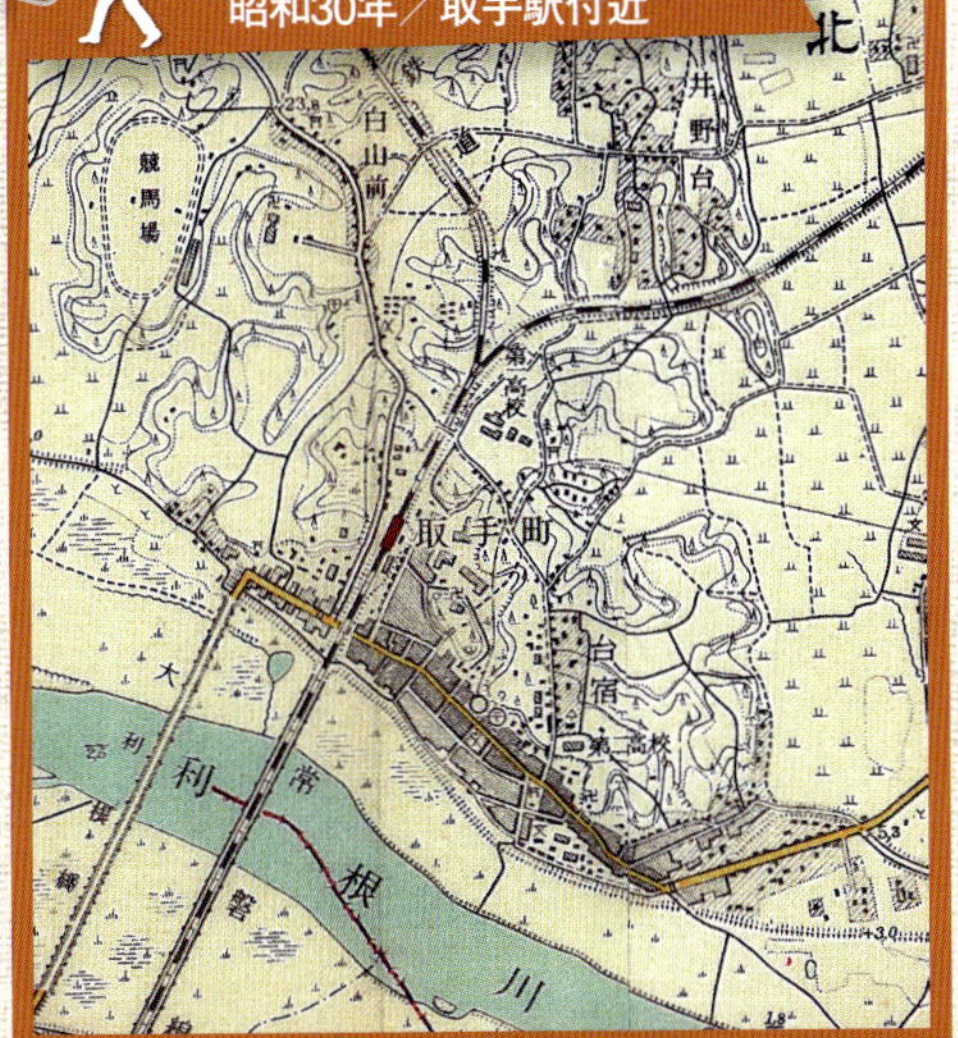

国道6号と並行しながら、利根川を渡った常磐線は、そのまま真っ直ぐ取手駅に至る。地図上で、まず確認できるのは2つの高校の存在である。駅の北に第一高校、南東に第二高校があり、このうち、取手二高は高校野球の名門で、「夏の甲子園」全国大会で優勝してことで知られる。北西にあった競馬場は、現在は「取手競輪場」に転用されている。その東に見える「卍」は、浄土宗の古刹、大鹿山弘経寺である。

取手～天王台の荷物気動車（昭和59年）

常磐線の荷物気動車キニ58形。昭和53年にキハ58から3両が改造された。水戸区に在籍、電化区間を走っていたが、昭和62年に廃車となった。

撮影：山田亮

撮影：山田 亮

取手～天王台の415系（昭和60年）

塗装変更の過渡期であり旧塗装と新塗装の車両が混在している。

見所スポット

岡堰、間宮林蔵記念館

寛永7（1630）年、鬼怒川と分離する工事が行われた小貝川には岡堰が設けられたが、戦後に新しい堰が建設されている。その上流には、この地出身の探検家の功績を顕彰する、間宮林蔵記念館がある。

取手緑地運動公園

利根川の河畔を整備された公園で、広い敷地に野球場、少年野球場、テニスコート、サッカー場のほか、多目的広場やバーベキュー場、マラソンコースの施設がある。

高源寺

承平元（931）年、平将門創建の臨済宗妙心寺派の古刹。洞穴に子育て地蔵尊が祀られている、樹齢1600年のヒノキの大木があり、「地蔵けやき」の寺として知られる。

取手駅の新と旧（昭和36年）

撮影：小川峯生

左は試運転中の交直両用401系、右は各停のクハ16形400番代。401系は中距離電車としてこの後、常磐線の主力となる。17m車のクハ16形は昭和30年代末までに転出していった。

影：山田虎雄

取手駅ホーム（昭和57年）

快速電車が停車中。取手駅は３面６線になっており、各停のホームが10両対応、中距離・快速のホームは15両対応となっている。奥の短いホームが各停用。

撮影：荻原二郎

国鉄からＪＲへ（昭和62年）

国鉄が民営化され、ＪＲ北海道、東日本、東海、西日本、四国、九州とＪＲ貨物の７社が発足したのが昭和62年４月１日。ＪＲ東日本となった103系快速に「1987・４月１日・こんにちはＪＲ東日本」のヘッドマークがしばらく掲出された。

取手駅付近の空撮（平成25年）

複々線の線路が通る堂々たる利根川橋梁を渡ると、間もなく取手市の中心部となる。取手駅付近は、国道６号、常磐線の間に高層ビルが目立つようになった。駅の北側には県道269号取手停車場線に続く跨線橋がある。

撮影：小川峯生

利根川橋梁の485系「ひたち」（昭和60年）

常磐線が全線電化されたにもかかわらず、「ひたち」は当初気動車で運転されていたが、念願かなって485系となってからの躍進ぶりはすさまじいの一言に尽きた。

撮影：小川峯生

取手～藤代を走るE501系（平成８年）

初の交直流による通勤電車で平成７年に登場した。基本的に土浦までの運用であったが平成19年の改正以降上野発着がE531系に統一されたため土浦以北や水戸線に活躍の場を移した。

藤代《ふじしろ》

江戸期に藤代宿、明治に日本鉄道の駅が開業
駅南に交直流区分のデッドセクション

三代目藤代駅（昭和36年）

土浦以南では最古の木造駅舎だったが、昭和35年に改築、さらに昭和62年に橋上駅の三代目駅舎となる。昭和36年６月に取手～勝田間が交流電化され、当駅取手方に直流／交流のデッドセクションが設置された。当駅から北が交流区間となる。

藤代駅ホーム（昭和36年）

電化を祝う看板が目立つ風景。駅の所在地は当時、藤代町であった（現在は取手市）。

藤代駅南口（現在）

昭和62（1987）年に現在のような橋上駅舎に変わった藤代駅。この南口の駅前広場にはロータリーがあり、バス停も設けられている。

準急「ときわ」（昭和35年）

取手～藤代間を行くキハ55系急行用気動車による準急「ときわ」。後の発展ぶりから見ると、こぢんまりとまとまった列車だった。

藤代駅は現在、合併した取手市内にあるが、平成17（２００５）年までは旧藤代町内唯一のＪＲ駅であった。この駅も明治29（１８９６）年に開業した、歴史の古い駅である。取手駅のページでも触れたように、この駅の南にデッドセクションがあり、南の直流、北の交流が分かれる分岐点となっている。

藤代には水戸街道の藤代宿が置かれていた。この宿は江戸側の「藤代」、水戸側の「宮和田」にそれぞれ本陣が置かれ、役務を持ち回りで務めていた。藤代宿の本陣は駅北西の取手市役所藤代庁舎のあたりに戦後まで存在したが、現在は看板だけが残されている。

この地区の北東には、小貝川が大きく蛇行しながら流れている。小貝川は関東平野を南北に流れる利根川の支流で、全長１１８キロメートルと支流の中では第２位の長さを誇る。名前の由来は「小貝」がたくさん取れる川だが、下流部の藤代、龍ケ崎付近では、氾濫を繰り返し、地元では洪水を防止する堤防の設置など、治水対策に苦労を重ねてきた。

藤代には、相馬神社、愛宕神社、熊野神社など由緒のある神社がある。駅に近い愛宕神社は寛永15（１６３８）年、京都の愛宕神社から勧請し、享保２（１７１７）年に社殿を完成したといわれる。

C60形牽引の列車（昭和35年）

取手を過ぎると広大な関東平野の田園風景がどこまでも続いていた。C60形に限らず、非電化時代の蒸気機関車はどの角度から眺めても立派な絵になった。

藤代駅北口（現在）

かつての宿場町・藤代の面影を残す旧市街、商店街（片町）に向かって開かれている藤代駅北口。駅舎、駅前はモダンな風景に変わっている

古地図探訪

昭和30年／藤代駅付近

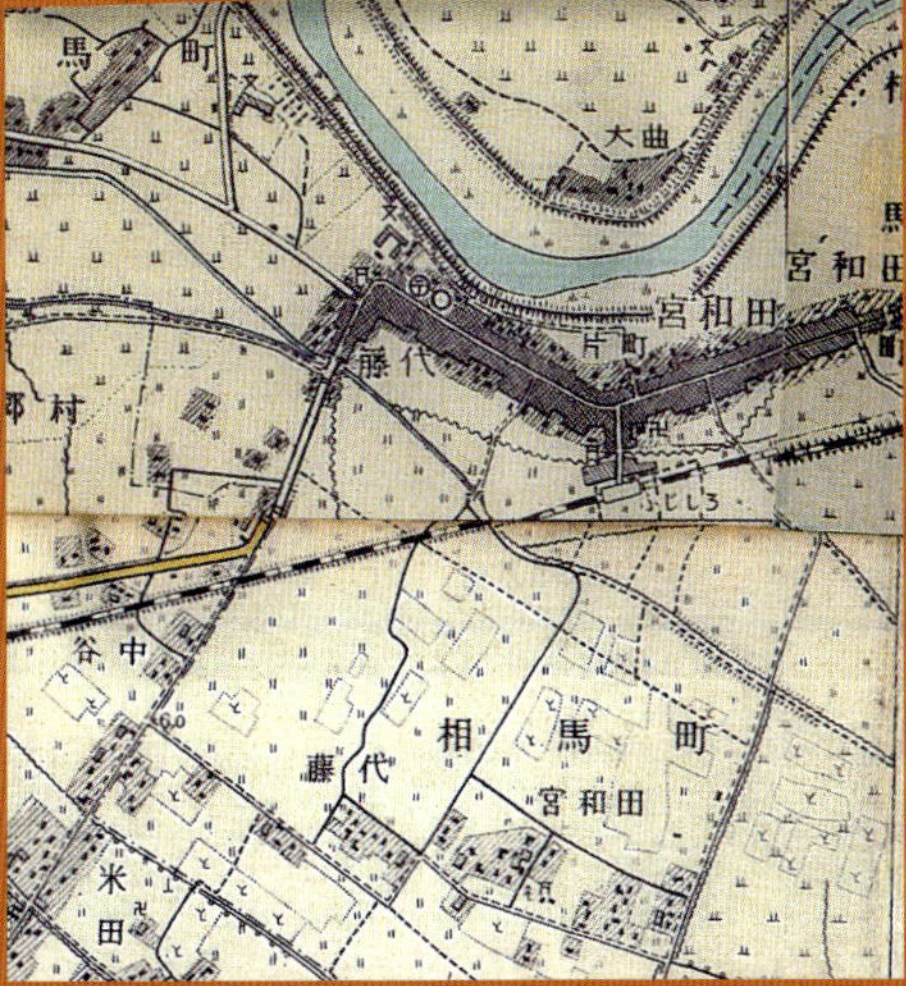

この地図では、藤代駅の北側を通る水戸街道（国道６号）の旧道と、「藤代」「宮和田」の二つの宿（本陣）で形成されていた藤代宿の街並みを知ることができる。駅の北、片町付近に見える「鳥居」マークは愛宕神社、「卍」マークは信楽寺である。「藤代」にある「鳥居」マークは相馬神社である。町村合併により、藤代町が誕生したのは昭和30（1955）年で、この当時は北相馬郡相馬町に含まれていた。

取手～藤代を走る科学万博輸送列車（昭和60年）

（上）夜行特急の間合い運用として「エキスポライナー」にも使用された583系。

（中）EF80形電機牽引の「エキスポライナー」。武蔵野線経由大宮発着の列車も設定されていた。

（下）堂々たる15両編成で走る「エキスポライナー」日中は我孫子・取手と万博中央間のピストン輸送であった。

佐貫《さぬき》

龍ケ崎市の表玄関、関東鉄道と連絡
明治33年、旧竜崎鉄道の駅と同時開業

撮影：高橋義雄

佐貫駅（昭和56年）

地上駅だった頃の簡素な佐貫駅の木造駅舎。牛久沼と駅周辺の飲食店などを記した大きな観光地図が設置されている。

撮影：山田虎雄

佐貫駅のホーム（昭和51年）

関東鉄道竜ヶ崎線と隣り合わせのホームで上り列車を待っている風景。階段のすぐそばでありながら屋根は設置されていなかった。

佐貫駅西口（現在）

佐貫駅は昭和60（1985）年に橋上駅舎となっている。この西口の北側には牛久沼があり、牛久沼水辺公園などが整備されている。

佐貫駅東口（現在）

関東鉄道竜ケ崎線の佐貫駅と連絡するJR佐貫駅東口の駅前広場。左手奥に見える関東鉄道の駅ビルは、竜ケ崎プラザホテル新館と一体化されている。

茨城県に入り、北東に進んでいた常磐線は佐貫駅からは、真っ直ぐ北に進むことになる。この佐貫駅は、牛久沼一帯に広がる龍ケ崎市の玄関口となっている。

昭和29（１９５４）年に市制が施行された龍ケ崎市は、江戸以前から龍ケ崎城が存在し、江戸時代には仙台藩の領地となっていた。明治22（１８８９）年の町村制の施行時に龍ケ崎町が設置された歴史のある場所で、地名の由来は諸説があり、竜巻が多い土地だったという説、龍が降ってきた伝説があったからという説、台地の地形が龍に似ていたからという説、また、龍崎氏が治めていたからという説などが存在する。

また、「佐貫」という地名の由来は不明で、千葉県をはじめとする関東各地にも「佐貫」の地名があることから、一説には四国の「讃岐」（現・香川県）から移住してきた人々と関係があるといわれる。

佐貫駅は明治33（１９００）年、竜崎鉄道（現・関東鉄道竜ケ崎線）の佐貫～竜ケ崎間が開通した際に、同鉄道の駅と連絡する日本鉄道土浦線（現・常磐線）の駅が同時に開業した。竜崎鉄道は昭和19（１９４４）年に鹿島参宮鉄道に売却され、昭和40（１９６５）年に常総筑波鉄道との合併により、関東鉄道竜ケ崎線となっている。

佐貫駅付近の空撮（現在）

JR常磐線と関東鉄道竜ケ崎線が接続する佐貫駅。駅に東口、西口側には大きな駅前広場があり、付近はほとんど宅地化されている。

古地図探訪

昭和30年／佐貫駅付近

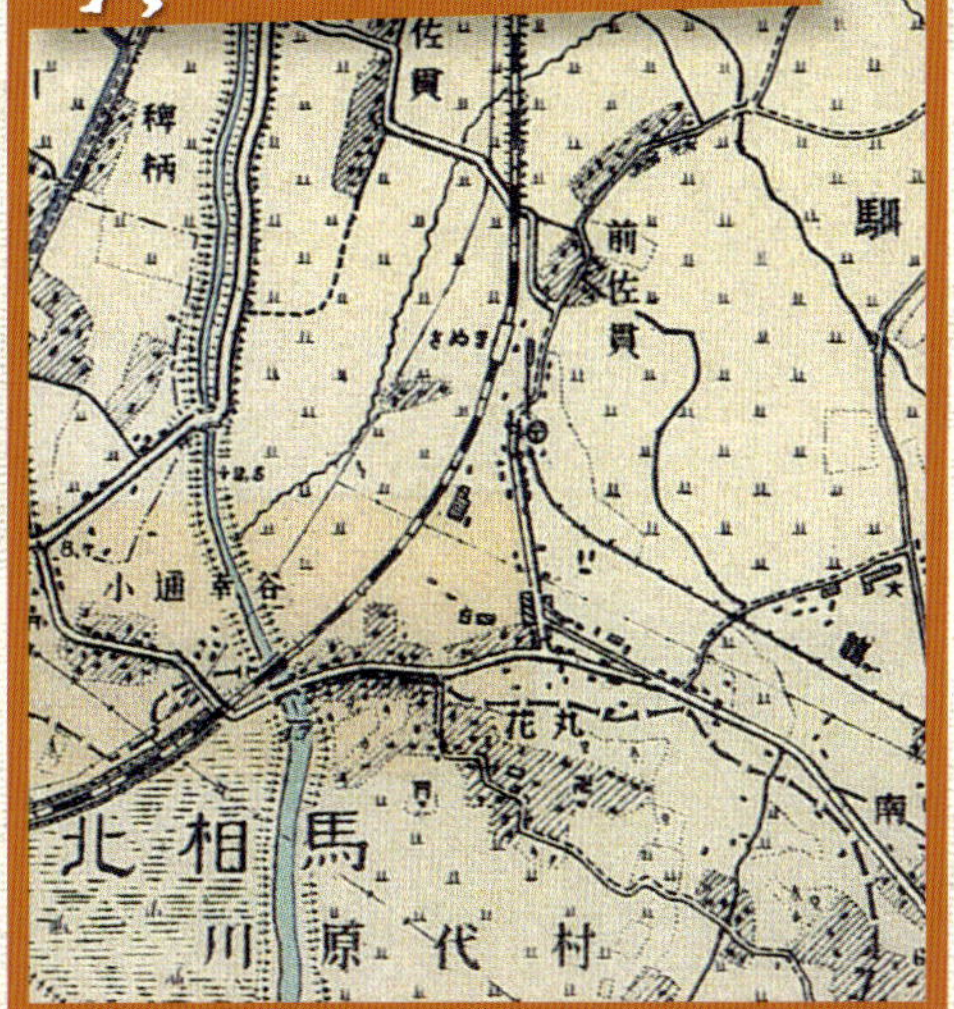

この当時、佐貫駅の東南には稲敷郡馴柴村、北相馬郡川原代村などが存在していたが、昭和29（1954）年に龍ケ崎町とともに市制を施行し、龍ケ崎市が成立した。また、西側の筑波郡久賀村の一部は、藤代町をへて、現在は取手市に編入されている。駅の西側は国道６号がまだ未整備の状態で、現在はさらに西に藤代バイパスが誕生している。また、東側には、後に駅から伸びる茨城県道271号佐貫停車場線が開通している。

所蔵：フォト・パブリッシング

佐貫駅に到着した客車列車（昭和55年）

上野発の客車列車は仙台行きや平（現・いわき）行きなどだった。現在上野発の最長距離普通列車は高萩行きである。

撮影：小川峯生

小貝川を渡る415系（昭和60年）

藤代を発車して佐貫に向かう途中で小貝川を渡る。このタイプの415系鋼製車は平成19年３月に全車引退している。

見所スポット

女化（おなばけ）青年研修所（木造校舎）

旧岡田小学校女化分校の木造校舎が保存され、牛久市の青年研修所として利用されている。付近には、女化（稲荷）神社がある。

泊崎（はっさき）大師堂

牛久沼に突き出た岬の突端にある。大同年間、弘法大師がここを訪れ、「千座護摩」を修めたといわれ、「弘法の七不思議」の伝説が残る。

撮影：小川峯生

佐貫付近を走る415系1500番代（昭和63年）

昭和61年に登場した軽量ステンレス車。東海道線に投入された211系に準じている。現在は水戸線や常磐線の友部以北で活躍中。

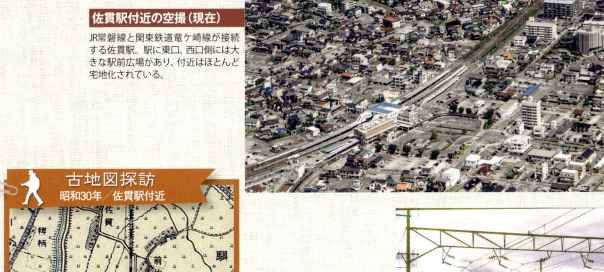

牛久《うしく》

牛久沼は白鳥飛来地、うな丼発祥の地
ワイン醸造所、シャトーカミヤで有名

撮影：荻原二郎

二代目牛久駅（平成2年）

明治29年開業の常磐線生え抜きの古駅の一つだが、昭和59年にモダンな橋上駅に改築された。駅周辺の田園地帯も開発が進み、商業地、住宅地が増えている。

牛久駅西口（現在）

国道6号が通る旧市街地側に設けられている牛久駅の西口。ペデストリアンデッキで、複合商業施設「エスカード牛久」と結ばれている。

牛久駅東口（現在）

牛久駅の東口は昭和59（1984）年の駅舎橋上化の際に開設された。駅前広場はその翌年に整備され、現在は関東バス、牛久市コミュニティーバスが発着するバスターミナルが設けられている。

佐貫駅を出て国道6号とともに北に向かう常磐線は、牛久沼の畔を通り、牛久駅に至る。南北に細長い牛久沼は、全域が龍ケ崎市の区域内にあるが、牛久駅のある牛久市西北まで広がっている。牛久駅は明治29（1896）年に開業した。

約3・5平方キロの面積をもち、周囲約25キロメートルの牛久沼は白鳥が飛来することで知られるが、「うな丼」の発祥地といわれ、周辺には鰻料理の店が点在する。また、河童伝説が存在し、日本画家の小川芋銭は沼のそばに住んで河童画を描いたことで有名だった。「牛久」の地名の由来は不明だが、怠け者の寺の小僧が牛になってしまい、沼に身投げしたことから、「沼が牛食った」が「牛食う沼」に変化したという伝説が残されている。明治時代から続いた牛久村は昭和29（1954）年に牛久町となり、昭和61（1986）年に牛久市に変わった。

牛久といえば、ワインの醸造施設「シャトーカミヤ」（通称・牛久シャトー）があることでも有名である。創設者の神谷傳兵衛は明治期に養子の伝蔵を仏・ボルドーに留学させ、持ち帰った苗木をもとにブドウの栽培、ワインの生産が始まった。明治36（1903）年に完成したシャトーの建造物3棟は、国の重要文化財に指定されている。

牛久付近を走る485系（昭和55年）

今や常磐線は特急街道の路線となった。写真撮影時の485系が活躍している時期でも本数は多かった。

牛久駅西口広場（現在）

ペデストリアンデッキを利用するバスターミナルが設けられている牛久駅西口広場。谷田部車庫、みどり野駅などに向かう関東鉄道のバスが発着している。

古地図探訪

昭和30年／牛久駅付近

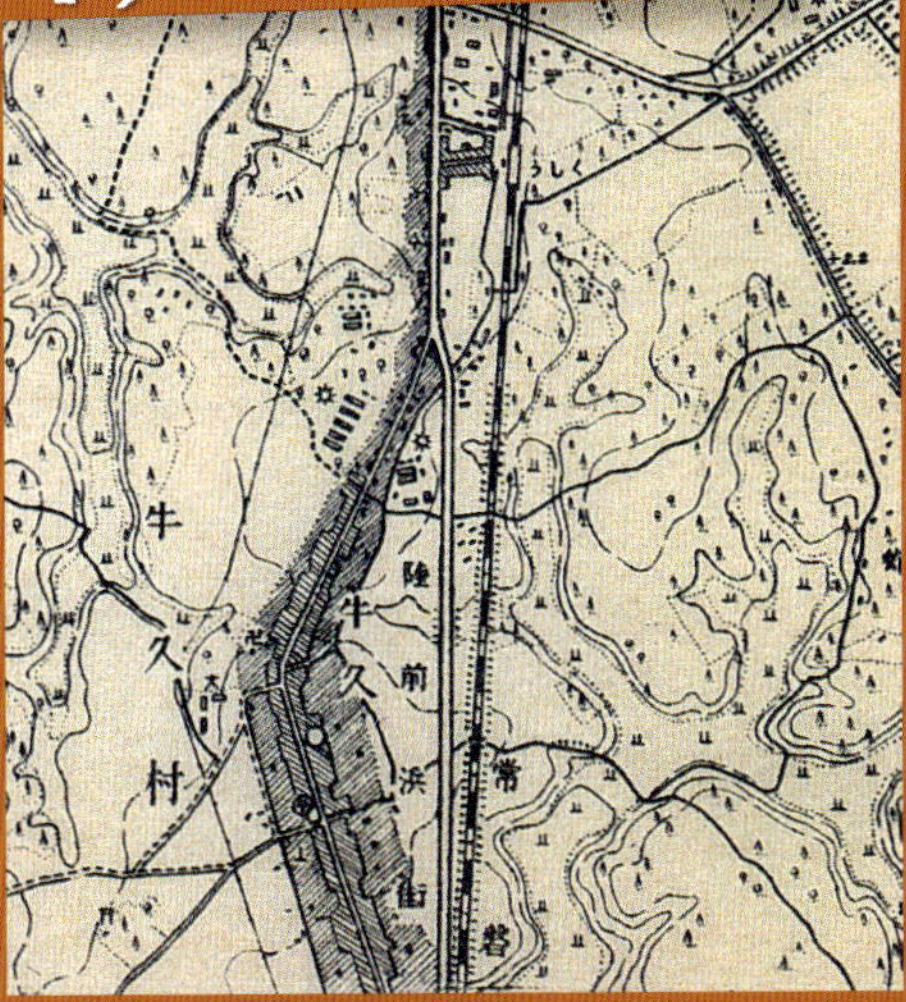

当時の牛久村（現・牛久市）を常磐線とほぼ平行して、陸前浜街道（水戸街道、現・国道６号）が走っている。牛久駅の東口方面には家屋がなく、現在、牛久市役所がある駅北東には農地が広がるが、工場が存在していたこともわかる。一方、西口から浜街道にかけては人家が建ち、街道沿いにも続いていた。駅の南西、くの字形に曲がった旧水戸街道沿いが牛久宿で、付近に正源寺、本牛久郵便局、牛久小学校などがある。

牛久沼の空撮（現在）

耕作地の向こうに牛久沼が広がり、遠くに国道６号、常磐線、牛久市街を臨む。牛久沼の全域は龍ケ崎市に含まれ、手前の耕作地はつくばみらい市になる。

見所スポット

シャトーカミヤ

明治36（1903）年、神谷傳兵衛により、牛久市内に開設された日本最初の本格的ワイン醸造場。３棟の建造物が国の重要文化財に指定されている。

牛久大仏

全長120メートル、ブロンズ立像としては世界最大の大仏（阿弥陀如来）立像。浄土真宗東本願寺本山東本願寺により、牛久浄苑内に平成元（1989）年創建（開基）、平成４（1993）年に竣工した。

牛久沼

利根川水系の小貝川支流に含まれる沼。魚介類が豊富でうな丼発祥の地といわれる。河童伝説でも有名で、地元出身の日本画家、小川芋銭が作品を残している。

交流区間

ひたち野うしく《ひたちのうしく》

科学万博開催時の万博中央駅の跡地
平成10年、ひたち野うしく駅開業

撮影：山田虎雄

万博中央駅（昭和60年）

昭和60（1985）年、国際科学技術博覧会（科学万博）ための臨時駅として設けられた万博中央駅。なお、昭和45（1970）年の大阪万博の際、北大阪急行電鉄に設けられた臨時駅の名称は「万国博中央口」である。

ひたち野うしく駅ホームとE531系（現在）

つくばエクスプレスの開通によりスピードアップを図るべく投入された新世代車両。全ての編成にグリーン車を2両連結している。

ひたち野うしく駅（現在）

平成10（1998）年に誕生し、翌年に「関東の駅百選」に選定された、雄大なフォルムをもつひたち野うしく駅の橋上駅舎。

昭和60（1985）年、筑波研究学園都市で開催された「国際科学技術博覧会（科学万博、つくば'85）」は、まだ記憶に新しいところである。そのときに玄関口のひとつとなった臨時駅「万博中央駅」が置かれていたのが、現在の「ひたち野うしく」駅のある場所である。それから13年がたった平成10（1998）年3月、常磐線の新しい駅として、ひたち野うしく駅が開業した。

この駅からは北西にある、つくばエクスプレスの終着駅、つくば駅方面に学園西大通りが伸びており、筑波研究学園都市へ通勤、通学する利用者も多い。また、駅の南には、首都圏中央連絡自動車道が走り、駅南東に牛久阿見インターチェンジ、北西につくば牛久インターチェンジが設けられている。東口からは、つくばセンター、筑波大学中央などに向かう路線バスが発着している。

「ひたち野」は現在、この駅周辺を含む牛久市の地名だが、もともとは「常陸野」と記され、この「常陸」とは現在の茨城県の大部分を含む東海道の国名だった。「常陸」の国名の由来は、土地が広く真っ直ぐな道が続くことによる「直道（ひたみち）」から転じたといわれるが、他の説も存在する。「ひたち」は、常磐線を走る特急列車の愛称に採用されている。

撮影：長渡 朗

特急「ひたち」とすれ違う気動車の「エキスポライナー」（昭和60年）

昭和60年３月まで水郡線直通の急行「奥久慈」「ときわ」で活躍したキハ58系もかり出され、「エキスポライナー」に使用された。

万博中央駅の415系（昭和60年）

この時期、常磐線は博覧会の観光輸送を一手に引き受けることとなり万博中央駅を設置した。同時に中距離電車の塗装変更及び15両化や急行列車の全廃など、博覧会を機に常磐線は大きく変貌した。

古地図探訪

昭和38年／ひたち野うしく駅付近

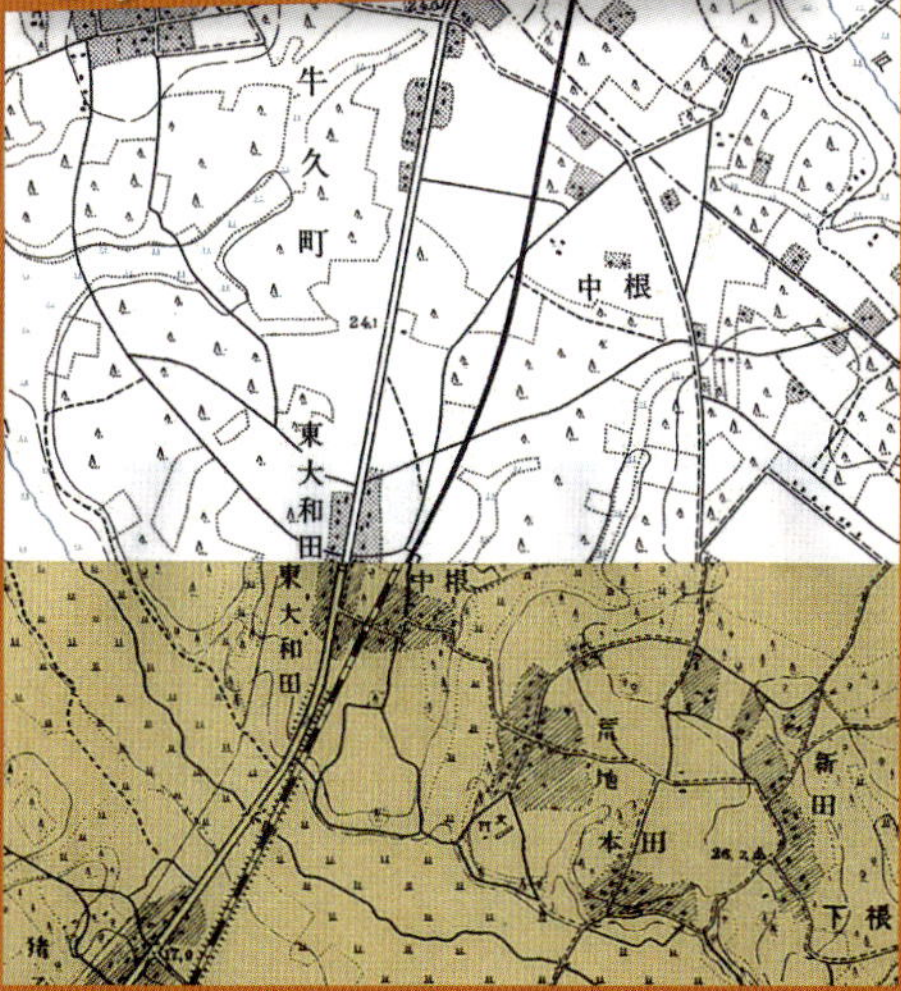

この地図上には、ひたち野うしく駅はまだ存在せず、首都圏中央連絡自動車道、国道408号、学園西大通り（県道274号）なども通っていない。駅周辺の区画整理も行われていないため、現在の駅付近とは様相が大きく異なっている。ひたち野うしく駅が設置されるのは、地図中央に「中根」の文字が見えるあたり。その西側の「東大和田」は、牛久市の地名（東大和田町）として残っている。

見所スポット

科学万博記念公園

科学万博のメイン会場跡地に作られた公園。写真の「科学の門」の地面には万博当時の会場図が描かれている。また、公園にあった岡本太郎制作の像は万博記念公園駅前に移設された。

エキスポライナーのサボ（昭和60年）

現在ではサボ自体、見る機会が少なくなってしまった。

交流区間

荒川沖《あらかわおき》

明治29年、日本鉄道の荒川沖駅が誕生
駅東に霞ヶ浦。阿見町、美浦村も最寄り

撮影：山田虎雄

荒川沖駅（昭和51年）

駅周辺の開発が進みつつあり、つくば方面へのバス連絡駅として通勤通学客で賑わいを見せていた。

荒川沖駅西口（現在）

橋上式の駅舎となっている荒川沖駅西口。国道6号側にあるこの西口からは現在も、つくばセンター、学園並木などに向かう関東鉄道バスが発着している。

荒川沖駅東口（現在）

駅前広場を挟んで商業施設「荒川沖ショッピングセンターさんぱる」が営業していた荒川沖駅東口。この約500メートル先には、県道25号土浦稲敷線が走る。

撮影：荻原二郎

荒川沖駅（昭和51年）

地味な駅ながら、平成17年に「つくばエクスプレス」が開通するまでは、陸の孤島だった筑波研究学園都市へは当駅からのバスが多くの研究機関、学校を結んでいた。

常磐線が土浦市に入り、まず到着するのがこの荒川沖駅だが、駅のすぐ東は阿見町、その東には美浦村で、いずれも霞ヶ浦の南に広がる町村がある。この付近は、陸上自衛隊霞ヶ浦駐屯地、舟島射撃場のほか、阿見ゴルフクラブ、美浦ゴルフ倶楽部、JRA美浦トレーニングセンターなどが点在し、こうした諸施設に向かう人々がこの駅を利用している。

「荒川沖」の地名の由来は、この付近では、乙戸川が頻繁に氾濫し、「荒れる川」であることから「荒川野」と呼ばれ、本郷集落の先にあることから、「荒川沖」の地名が生まれたという。江戸時代には水戸街道の荒川沖宿が置かれていた。明治22（1889）年に荒川沖村が合併により朝日村となり、昭和23（1948）年に土浦市の一部となった。なお、朝日村はその後、一部が阿見町、牛久町（現・牛久市）となっている。

荒川沖駅は明治29（1896）年、牛久、藤代駅などとともに日本鉄道土浦線（現・常磐線）の駅として開業した。現在、お隣りの土浦駅とは6・6キロメートル離れているが、牛久駅との間にはひたち野うしく駅が誕生したため、2・7キロメートルの距離に縮まっている。この荒川沖駅の東口付近には、太平洋戦争前には荒川沖競馬場があった。

上り急行が通過する（昭和51年）

まだまだ急行が健在だった頃に撮影されたもの。代表格の「ときわ」や東北本線の盛岡まで直通する「もりおか」などが運行されていた。

古地図探訪

昭和38年／荒川沖駅付近

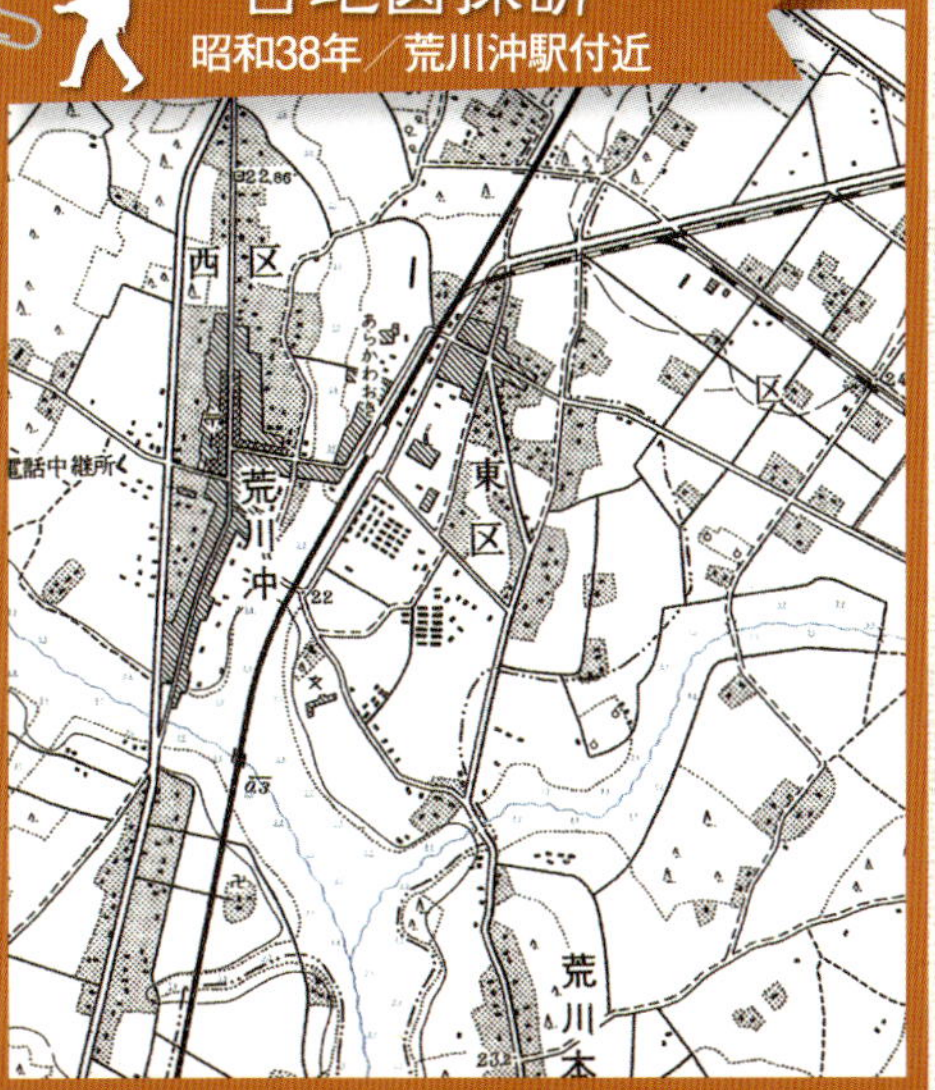

この頃には、荒川沖駅から東にある陸上自衛隊霞ヶ浦駐屯地に延びる専用線が存在していた。また、地図上に見える「東区」「西区」「南区」は現在、それぞれ「荒川沖東」「荒川沖西」「荒川沖」の地名となっている。駅の所在地は、荒川沖東2丁目である。また、周辺道路も整備され、駅北東の阿見住吉の交差点から、県道25号土浦稲敷線、県道48号土浦竜ケ崎線、県道203号荒川沖阿見線などが放射状に延びている。

宴会電車の常磐線

上野駅の駅ナカ店でアルコールを含めた軽い飲食を済ませたうえ、あるいは済ませないまま売店で缶ビールや清酒、つまみを仕入れてから常磐線の中距離電車に乗り込む通勤客を多く見かける。そのため車内は宴席と化して、常磐線の中電が「宴会電車」の異名を頂戴してから久しくなる。

ボックス座席の頃は東北、高崎線も似たような風景が見られたが、ＪＲ東の中距離車両のほとんどがロングシートに変わってからは次第に減った。しかし常磐線ではロングシートでも飲酒と談笑は衰えず、広い床面につまみ類を広げて両サイドの長椅子の客同士が対面で盛大に酒盛りを行っている。

面白いのは上野から宴会を開始、という列車もあるが、遠慮があるのか、都内、千葉県の通勤客が降りた取手から先の茨城県に入ってからが本番となるようだ。上野行きの上り電車にも宴会風景が見られ、笠間稲荷からの帰りにも水戸辺りからすでに宴たけなわになっていたロングシートの上り電車に乗り合わせたが、取手まで来たらにわかに大人しくなって、空き瓶やゴミを残したまま我孫子や柏でほとんどが降りていった。

なぜ常磐線の中距離電車が宴会電車になるのか、いろいろな説があるが、私は通勤距離の長さにあると見ている。上野から水戸までが117.5㎞、勝田まで123.3㎞だが、これを通しで乗る通勤客がけっこう多いのだ。東海道、中央線ではこれに類する長距離通勤客はそれほど多くはなく、東北、高崎線も100㎞地点ではかなり車内が空いてくる。沿線の都市化が進んで途中駅相互間の乗客も多く、車内で飲めるような雰囲気がもう無いのである。

毎日の長距離通勤はご苦労様なことだが、常磐線の電車を貸切車と混同しているとしたら、茨城県民の名誉にかけてもこれは頂ける話ではないのである。

（三好好三）

見所スポット

木原城址城山公園

霞ヶ浦南岸（美浦村木原）の公園。戦国時代、江戸崎城主土岐氏の家臣、近藤薩摩守の居城だった木原城の跡地が公園として整備された。

阿見町予科練平和記念館

戦時中、予科練（海軍飛行予科訓練生）の教育、訓練の中心地だった阿見町に平成22（2010）年、開館した。予科練の青春群像を通じて、平和、命の尊さへの認識を深める。

荒川沖駅に停車している下り列車（昭和60年）

取手～藤代間の直流セクションを通過し小貝川を渡り水田地帯や牛久沼をバックに土浦市に入り荒川沖駅に到着した415系列車。

交流区間

土浦《つちうら》

明治28年に誕生した常磐線の主要駅
土屋藩の城下町、「津々浦々」由来も

撮影：山田虎雄

土浦駅前（昭和40年）

中距離電車によって東京との距離は縮まり、土浦駅では通勤客の急増が始まっていたが、取手以北の常磐線にはまだローカル色が強かった。

土浦駅（現在）

平成21（2009）年、5階建ての駅ビル「ペルチ土浦」と一体化した4代目土浦駅が誕生した。この駅ビルのある西口は「亀城公園口」とも呼ばれている。

所蔵：生田 誠

土浦駅前より大和町通りを臨む（昭和戦前期）

土浦駅前より、亀城公園方面に続く大和町（駅前通り）を見た風景。歩道が整備され、乗合自動車（バス）も運行されていた。

土浦駅は明治28（1895）年、日本鉄道土浦線（現・常磐線）の土浦～友部間の開通時に開業した。駅の所在地は土浦市の東側にあたり、駅のすぐ東には、琵琶湖に次ぐ日本第二位の面積を誇る、霞ヶ浦の水辺が広がっている。

起終点だった期間は短く、開業の1年後（1896年）には土浦～田端間が延伸し、途中駅となった。その後、筑波鉄道（土浦～岩瀬間）、常南電気鉄道（土浦駅前～阿見間）が開通して連絡駅となったが、両線とも現在は廃止されている。

「土浦」という地名は、土屋藩の「土」と十一の「浦」との合成という説や「津々浦々」から来たという説などがある。室町時代、既に土浦城があり、江戸時代には土屋氏の支配が長く続き、その城下町として栄えた。明治時代からの土浦町は昭和15（1940）年、真鍋町と合併し、茨城県で三番目の市制を施行する土浦市が誕生した。

この土浦市には戦前、「予科練」で知られる「土浦海軍航空隊」が置かれていた。土浦海軍航空隊は、阿見町にあった「霞ヶ浦海軍航空隊」の予科練（予科練習鯛）を分離、独立させる形で昭和14（1939）年に開隊した。跡地は陸上自衛隊霞ヶ浦駐屯地と変わり、一部は協和発酵バイオのヘルスケア土浦工場などになっている。

土浦駅停車中の401系（昭和51年）

常磐線の中距離電車「赤電」の元祖。量産の途中から運転台が高窓式に変わり、昭和58年以降アイボリーホワイト（クリーム10号）に青帯（青20号）の簡素な塗色に変わった。

土浦駅の端正な駅舎（昭和46年）

要衝駅として活気を保ってきた土浦駅の駅舎。撮影時には常磐線のほかに関東鉄道筑波線が出ていた（昭和54年に二代目筑波鉄道となり、同62年に廃止）。

古地図探訪

昭和38年／土浦駅付近

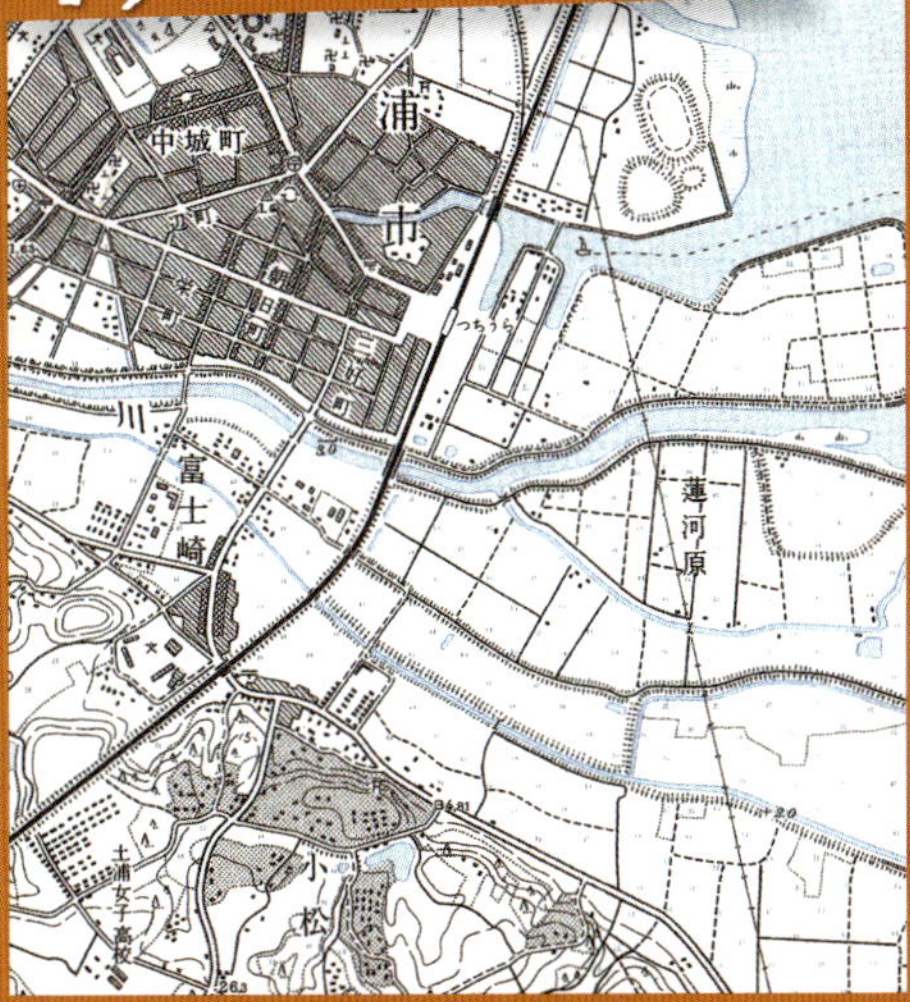

土浦駅から北西に伸びる国道125号の先にあるのが亀城公園で、土屋神社、市立博物館などが存在する。一方、駅の東北にあるのが川口運動公園で、野球場、陸上競技場などの施設がある。また、駅の南では、桜川が幾筋にも分かれて、霞ヶ浦に注いでいる様子がわかる。桜川の南にある国立病院は現在、国立病院機構霞ヶ浦医療センターになっている。現在、その南には土浦市役所高津庁舎、東側には土浦市役所があるが、この市役所は平成27年春に土浦駅前に移転する予定である。

SLいばらき漫遊号（平成10年）

平成10年1月16日常磐線に28年ぶりにSLが走った。JRと茨城県が共同観光キャンペーンとして企画したもので、土浦～水戸間を片道運行した。

土浦駅に停車しているE531系（現在）

上野からの約半数の列車は土浦で折り返し15両編成の運転も当駅までなので増解結が行われる。また、特別快速も土浦までの運用である。

見所スポット

亀城公園

江戸時代、土屋氏の居城だった旧土浦城の跡地を公園として整備したもの。堀に囲まれた「亀」城の俗称から、亀城公園となった。「茨城百景」のひとつ。

土浦全国花火競技大会

日本三大花火大会のひとつに数えられる大規模な花火大会。大正14（1925）年に始まり、中断をへて戦後に再開された。現在は原則、10月第一土曜に開催されている。

霞ヶ浦総合公園

土浦市の市制50年を記念して建てられた風車（展望台）がシンボルとなっている公園。水生植物園、ネイチャーセンター、水郷プールなどがある。

関東鉄道
常総線

取手駅に停車しているキハ41001。昭和25年に国鉄からキハ41000形４両の払い下げを受けた車両。左側には客車のホハフ502などが留置されている。（昭和36年）

関東鉄道常総線は常磐線の取手と水戸線の下館を結ぶ非電化の路線で、大正２年（1913）に常総鉄道として開業した。取手～下館間51.1km、開通時は蒸気運転だったが、昭和３年以降内燃車を併用、戦後は気動車になった。

非電化なのは石岡にある気象庁磁気観測所があるため。取手～水海道間が複線、以北は単線である。取手方はベッドタウン化著しく、通勤路線となっている。車両は中古車が多かったが、自社発注の通勤型気動車が主体となった。

キハ500形が取手駅を出発し次の寺原駅に向かう風景。当時は西取手駅が開業していなかった。この車両は昭和34年から平成３年まで活躍した。（昭和46年）

新取手駅は昭和43年４月に開業。駅前ロータリーは比較的狭く、取手方向に構内踏切がある。

下館駅に停車しているキハ40086。昭和35年撮影の貴重なカラー写真である。接続する国鉄水戸線も非電化で気動車などが活躍していた。